グループアプローチ入門

心理臨床家のためのグループ促進法

安部恒久
ABE Tsunehisa

誠信書房

まえがき――本書の読者へ

本書は、私自身のグループアプローチの実際を紹介した入門書です。私は、現在、臨床心理士養成のための専門職大学院（鹿児島大学大学院臨床心理学研究科）にグループアプローチを専門とする教育研究教員として所属し、どのようにクライエントの援助にグループアプローチを活用できるか、日々腐心しているところです。

〈執筆の動機〉

私は、さきに『エンカウンターグループ』（九州大学出版会、二〇〇六年）を出版しましたが、この『エンカウンターグループ』は、それまでの私のグループ体験を、私なりの理屈（理論）で整理し、公式化しようとしたものでした。したがって、グループアプローチの実際というよりも、どちらかといえば理論化の作業でした。

これに対して、今回の『グループアプローチ入門』は、グループプロセスとグループダイナミックスを強調した、私のグループアプローチの実際を知っていただくことを目的としています。たとえるならば、前著がネクタイを締めスーツを着た私だとすると、本書は、どちらかというと、ネクタイを外しカジュアルな服装をした私という感じがしています。

本書を執筆する動機となったのは、グループアプローチを学ぶ学生諸君や現場でグループアプローチに関心を持っている人々から、私のグループ体験を共有させてほしい旨の要請をしばしば受けたことです。論文の抜刷りを読ませてほしいとのリクエストをいただいたりもするのですが、すでに手元には残っていなくて申し訳なく思うことがあったりしました。

とくに私自身、臨床心理士養成の専門職大学院で教えるようになり、学生諸君からのグループアプローチ体験を共有させてほしいという要請は、いよいよ強くなりました。というのも、鹿児島大学の専門職大学院は、個別支援だけでなく、集団支援をもできることを専門職大学院の特徴として標榜しているからです。したがって、グループアプローチを学ぶ学生諸君の、また現場で活躍する人々に、本書でグループアプローチの実際に接していただくことで、身近な入門書（手引き書）になればというのが本書執筆の動機です。

〈本書の特徴〉

① グループプロセスとグループダイナミックスを強調したアプローチ

私のグループアプローチの特徴として、個人を支援していく際に、グループプロセスとグループダイナミックスを強調します。私はグループプロセスとグループダイナミックが個人に与える影響に関心があります。したがって、グループプロセスのなかで、個人がどのようなグループダイナミックス（対人関係）を体験しながら、心理的に成長していくかに焦点をあてて本書では記述しています。

これまで私は、多くの先生方にグループアプローチを学ぶ機会を与えていただきましたが、いずれの先生方にも、変化というプロセスのなかで、ダイナミックに生きることを教えていただいたように思います。私自身も固定した考えや既存の考え方にとらわれるのが嫌いな人間ですので、私のグループアプローチの特徴が、グループプロセスとグループダイナミックスを強調したものになったのは、当然のことのように思われます。

② 私自身のグループ事例を通して具体的なファシリテーション技法を提示

本書では、できるだけ、どのように「働きかける」ことが可能かということに焦点を当てて、記述することを試みました。そのために、私自身のグループアプローチの事例を提示し、私がグループプロセスやグループダイナミックスにどのように関わり、メンバーに働きかけるのかを具体的に理解できるように工夫を行いました。

読者は、そのことによって、私はそういうふうには関わらない、あるいは私の場合にはこのように働きかけるといった複数の選択肢を用意することが可能になると思われるからです。

とくに、グループアプローチを学ぶにあたって大切なことは、ひとつだけの限られた選択肢ではなく、できるだけ多くの選択肢に出会うことです。それら複数の選択肢のなかから、自分に合ったアプローチを選び取っていくのを支援するのも、入門書の役割だと私は思います。

③ 私流のパーソンセンタード・アプローチの立場からの入門書

私は、人間に対する関心、とりわけ、変化していく人間に対する関心が強いようです。したがって、本書でのグループアプローチも、そのような色合いを強く反映しています。

本書は、カウンセリングの流れのなかでは、あえていえばパーソンセンタード・アプローチに位置づけられるのではないかと思います。しかしながら、私はカール・ロジャーズ博士に影響は受けたものの、特段にパーソンセンタード・アプローチを〝なぞりながら〟学んできたわけではありません。本書はあくまでも、人間に強い関心をもった私の、私なりに工夫した私流のパーソンセンタード・アプローチの書物と言ってよいのではないかと思います。いずれ、この私流のパーソンセンタード・アプローチに「名前」をつけたいものだと思案しているところです。

〈**本書の読者**〉

本書は、「人間関係」に関心をもつ読者には、それなりに得るところがあるのではないかと思うのですが、とくに以下のような読者の入門書（手引き書）として役に立つのではないかと期待しています。

① 教師やスクールカウンセラーとして、生徒の仲間関係の形成や学級集団の組織発展に関わっている読者に

学校現場で児童・生徒・学生諸君とともに、「人間関係」を発展させようと悪戦苦闘している教師やスクールカウンセラーが、個人を支援するときに、どのようにグループアプローチを活用することができるのか、その視点と技法を提供します。

とくに、「いじめ」などといった形で仲間関係が崩壊し、教師やスクールカウンセラーとして仲間関係の修復を支援しようとするときに、どのように仲間関係を再び形成することが可能なのか、その解決のための手がかりを本書は与えてくれます。

教師やスクールカウンセラーが、「仲間外し」の心理を、グループにおけるスケープゴーティング・プロセス（scapegoating process）として理解するだけでも、解決のヒントを得ることができます。

② ボランティア活動や地域支援に関わっている読者に

ボランティア活動や地域支援に関わっている読者が、どのようにネットワークを形成し、活動を推進するとよいのかを考える際の参考になります。

私自身、大学で「コミュニティ援助論」という科目を担当し、ボランティア活動を行っている学生諸君と交流する機会があるのですが、たとえば、この科目で取り上げる「ファシリテーションを中心としたリーダーシップ論」は、通常のビジネス現場でのリーダーシップ論とは異なり、ボランティア活動を推進していくうえで役に立つようです。授業のなかで学生からのフィードバックとして実施するコミュニケーションペーパーでは、有益であったという感想に接することが多々あります。

私自身も、学生時代に、私のグループアプローチの原点となった肢体不自由の子どもたちのボランティア活動に従事した経験からも、納得のいくものです。

③ 福祉領域において、虐待などの親子関係や家族関係を支援しようとする読者に

子どもと母親と父親から成るであろう「家族」という集団を理解し、家族の「出会い」は、グループアプローチの立場からどのように可能なのか。家族集団のなかで、ファシリテーターが、家族の対話やコミュニケーションを促進する際に、どのように関わり、働きかけることが可能なのか、本書はヒントを提供してくれます。

私自身は、児童相談所において心理士として関わった経験から、家族集団に対して、ファシリテーターとしてどのような〝立ち位置〟が適切であるのか、という問題意識をもってきました。たとえば、家族の内に入って働きかけるほうがよいのか（インサイダー・ファシリテーション）、それとも家族の内には入らずに、外から働きかけるほうがよいのか（アウトサイダー・ファシリテーション）、といった問題を解決するのに本書は貢献するのではないかと期待しています。

④ 医療現場でセラピーグループを試みようとする読者に

クライエントの対人関係に焦点を当てて治療を試みるときに、仲間関係の発展という視点から、どのようにセラピーグループのプロセスとダイナミックスを活用するとよいのかを本書では学ぶことができます。

クライエントは、なぜグループ（集団）を必要とするのかを、治療する側が理解できていてこそ、グループのなかでのセラピストの関わりは、意味をもつに違いありません。また、医療領域においては、家族会などのサポートグループを展開するときに、どのような点に留意すると有効なグループ運営が可能かを理解することができます。

とくに、クライエントの「孤独」をセラピストが感じとることができたときに、クライエントの「孤独」に寄り添うための手立てとして、グループアプローチはおおいに役立つと思われます。

⑤ 国際関係論や平和学を実践する読者に

私自身は主に臨床心理の領域で、どちらかといえば人間性心理学の立場から仕事をしているのですが、最近では国際関係論や平和学といった人々から接触を受けることが多くなっています。

グローバルな時代の様々な紛争の解決や交渉の打破といったことに、どうやら、本書で述べているような集団におけるコミュニケーションを促進する方法が役に立ちそうだという感触を、お持ちのようなのです。これは当然といえば、当然だと思われます。というのも、このエンカウンターグループというグループアプローチを創始したロジャーズ博士は、世界各地の紛争解決にエンカウンターグループを応用し、ノーベル平和賞にもノミネイトされたほどの碩学なのですから。そんなことを、接触して来られた方に情報として提供すると、なるほどと納得されます。

以上述べてきた様々な「人間関係」の発展に従事しておられる読者が、グループアプローチを実践されるうえで、本書が何らかのヒントになることがあれば、私にとって嬉しいかぎりです。

〈本書での専門語の使用について〉

なお、本書では、日常の言葉で意味が通る場合には、あえてカタカナである専門語を使わないですませています。たとえば、上記の「働きかける」は「ファシリテーション」(facilitation)という専門語で表現され、日本語では「促進」と訳されますが、本書では「働きかける」という日常語で表現しています。

目次

序章　グループアプローチとの出会い

1　私のグループ原体験

(1)　脳性マヒ児のための心理療育キャンプ

私のグループ体験の原体験としては、九州大学教育学部の二年生のときから一〇年以上参加した脳性マヒ児のための療育キャンプになる。身体を思うように動かせない子どもたちといっしょに療育キャンプを過ごし、そこで集団生活の面白さを味わった。またエンカウンターグループを初めて知ったのも脳性マヒ児の療育キャンプであった。一年上の先輩がキャンプのなかで子どもたちとのグループミーティングをもっておられるのに接してからである。学部三年生のときであった。グループ体験に対する関心はそのときからであり、そのことをきっかけとして脳性マヒ児のキャンプで、同期生とペアを組んで、子どもたちとのグループ体験をもつようになった。

したがって私のグループ体験の特徴として、①子どもたちとのグループ経験が出発であること、その後にいわゆる集中的グループ体験を学んだこと。②肢体不自由の子どもたちとの接触であったために、言葉によるよりは動作によるコミュニケーションを中心に学んだこと。③集団への働きかけとしては、アクション中心の活動を得意とし、限られた時間のなかで、どのようにキャンプのプロセスを形成するかを主に経験した。

(2) ベーシック・エンカウンターグループへ

教育学部の四年生のときにT（トレイニング）グループに、また九州大学大学院のときにエンカウンターグループに参加し、いわゆる集中的グループ経験を体験した。

それらの体験を通して明らかになったのは、言葉を媒介としてのやりとりの苦手さであった。スモールグループ・セッションのなかでは、少しも自由ではなかった。自分が身を硬くして縮こまっているのがわかったが、どうしようもなかった。

修士二年のときに参加したグループ体験では「頭が重すぎる、頭を切り落としたらスッと言えるようになるのでは」とファシリテーターから言われたが、どうにもならなかった。言われたファシリテーターに対しては恐さがつのり、親しく口をきくことができなかった。ファシリテーターのあまりの感受性の鋭さにただ圧倒されるばかりで、グループのなかで、あのように言葉で自分の気持ちを表現できたらいいのにという気持ちだけが残った。

後にそのときのファシリテーターと、同じメンバーとしてグループ体験に参加する機会があったが、メンバーとして入ったそのひとがグループのなかでは動けずにいる姿に接して、そのひとに対する親しみがわいた。

また、大学院生のときに参加した九重（大分県）でのグループ体験では、ファシリテーターから、沈黙を続ける私に「話したいな」と誘いかけがグループのなかで行われたが、何も答えることができなかった。ただセッション外の時間に、そのファシリテーターと囲碁を打つことができたときに何か通じあうものを感じ、ほっとした。

以上のように、メンバー体験においては、セッションの時間のなかでは、あまり自由に動けなかった。むしろセッション外の時間に、他のメンバーと山を散歩したり、夜に少人数でゆったりと話したこと、お風呂での会話などが印象に残っている。

2　グループ体験から受けた影響

⑴　メンバー体験

①　対人関係

自分ひとりでいることを好むことが多かったが、他人と接すること、いっしょにいることの面白さも経験した。他人と接するときにゆったりとし、グループのなかでも以前ほど居づらさはなくなった。

②　自己表現が増えた

押しだまっている自分だけでなく、自分がその場で感じていることを表現することが多くなった。また、そのほうが楽である自分に気づくことが多い。以前ほど自分を表現するときに緊張しなくなった。

③　言葉を使えるようになった

以前はアクションが中心であり、言葉を使ってのコミュニケーションは、どちらかというとわずらわしさを感じていたが、今は言葉を通してのわかりあいに、アクションにはない面白さを感じている（グループもゲームなどのアクションを導入することは少なくなってきている)。

④　**自分に関することを話すようになった**

他のメンバーの話に耳を傾けるのと同じほどに、自分の話にも耳を傾けてもらおうと思うようになってきている。自分のことを話すこと、知られることは苦手であったが、少しずつではあるが話せるようになってきている。また、その場で感じた自分自身の気持ちを相手に知ってもらうことで、相手との関係を始めようとしている自分に気づくことが多い。

⑤　**トライする自分に出会うことが多い**

新しい体験に対しては臆病で、面倒くさがり屋であったが、トライしようとする自分が出てきている。ただし、がむしゃらにというわけではなく、のんびりとトライしようとしている、そんな表現が似合っている。以前は、むしろ、がむしゃらにトライすることで疲れていたように思う。自分自身に対して無理をしていたのではないかと思う(自分自身が燃えているかどうかに対する感受性が高くなってきているのだと思う)。

⑥　**明るくなってきた**

自分自身のなかに明るさを感じられるようになってきた。自分自身に対して素敵だと思える自分のイメージが自分のなかに湧いてきている。自分自身を嫌悪することが少なくなり、肯定感が強くなってきている。あきらめない、ねばり強くなってきていると思う。

グループに出ても疲れやすく、否定的な面を中心にとらえていたように思うが、否定的な面とともに肯定的な面もみることができるようになってきた。

⑦ **家族のなかでは自由さを感じることが多くなってきた**

長男としての「ねばならない」という感じが減り、父親とつきあうのが楽になった。父親に対してというよりも、ひとりの男性として、あるいは人生の先輩としてみている自分を経験することが多い。

(2) ラホイヤ体験

① トライ・アゲイン

一九七八年の夏に三カ月ほどのアメリカ体験の機会をもち、カリフォルニア州サンディエゴ近郊のラホイヤでのグループ・プログラムに参加した。

このプログラムに参加して今でも印象に残っているのは、トライという言葉である。これまでの日本でのグループ体験に比較して、トライすることが尊ばれ、許されたと思う。その結果、私自身はそれまでにないグループのなかでの自由さを経験した。日本のグループ体験では〝みんなといっしょに〟という何かしら暗黙の規則みたいなものが感じられ、私自身トライすることに怯えなくてはならなかったように思う。しかしながら、ラホイヤでのグループ体験では、わかりあうためにどこまでもトライする自由さがあった。おまえが言葉が苦手なのであればと、アクションを通して私を理解しようとパントマイムをいっしょにやってくれたりした。

このラホイヤ体験以後、私自身、日本に帰ってきてからの日常生活でのいろんな機会をつかまえて、トライすることが多くなったように思う。周囲の接する人々からアメリカから帰ってきてから「のびのびだした。何かしら変わってきた」というフィードバックをしばしば受けた。また、私自身、これ以後のグループ体験でファシリテーターをつとめるときには、メンバーの新しい試みを尊重しようとする態度をとるようになった。

日本のグループ体験では〝自己紹介しよう〟などと、新しいメンバーが言ったりすると、すでにグループ経験のあるメンバーから、そんなこととして何になるのといったフィードバックが返ってきたりする。しかしながら、そのようなことを私は警戒する。自己紹介しようとすることもメンバーの自発的な動きだし、わかりあおうとトライする行為だと受けとめている。

② 自己表現のストレートさ

トライの他にもうひとつ印象に残っていることは、自己表現のストレートさである。生の感情をぶつけあうことによって、お互いがもっとわかりあえるのではないかという姿勢に接したことである。日本でもグループ体験でメンバーが感情的になることはあっても、それは感情的になるのであって、そのことによってむしろお互いの理解が困難になることが多い。感情的なしこりを残すことが多いように体験していた。

しかしながら、ラホイヤでの体験は上にも述べたように、むしろお互いがわかりあうということが前提にあって、そのうえでの感情表現のストレートさというものがあるように感じられた。何がお互いをわかりにくくしているのかといえば、それは相手についてどう感じているかを隠すからである。したがって、お互いをもっとわかりあおうと思えば、お互いがどう感じているかをぶつけあうことから、お互いを理解しあえるのではないかという態度が感じられた。したがって感情的になることは、お互いの関係を少しも遠ざけなかったし、お互いの親密感を増したように思う。

最初、私は感情的なやりとりの激しさに、ただ圧倒され、萎縮したように思う。が、前に述べたように、メンバーのトライを許す雰囲気にひきずられて、徐々に、その場で私が何を感じているかを表現していった。押し黙っていることは、欧米の人々からみると何を感じているかよりも、感じたものを一体どのように自

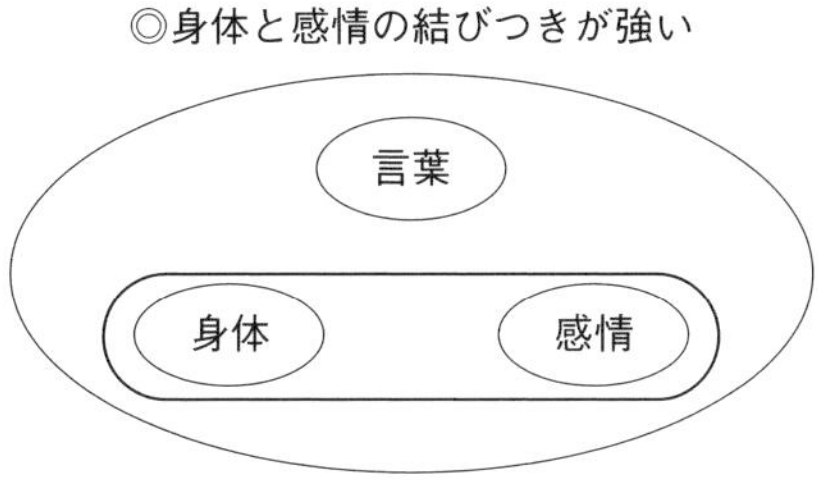

図1　日本人の自己（身体-自己）

分のなかに押し込めているのか理解することができず、私自身を不気味な存在にしたようであった。

自分自身が感じたものを相手に伝えることによって相手とわかりあっていくこと、これはあたりまえのようで、私にとっては新鮮な発見であった。日本では感じたものを隠すことによってわかりあっているかのような関係ができあがっていたと思う。

ただし、そうやって欧米の人々と接していて、お互いの理解が深まる部分と深まりきらない部分がはっきりしてきたように感じる。彼らの感じ方はどこか表面的のように思えてならないときがあった。いわゆるフィーリングという言葉で表現されるものが、彼らの感情表現のようであった。しかしながら、私や日本人のグループが感じるのは、もっと深い部分、スピリチュアルに表現される部分のように思えた。したがって、そのぶん、私なり日本人の言葉の受け止め方は身体に根ざしており、感情的言語化が難しいのではないかと感じられた。

日本人の場合の自己は、図1に示すように、身体と感情の結びつきが強く、自己の構造において「言葉」は遊離しやすい。一方、アメリカの人々は感情をよく言葉でとらえる反面、自分の感情を深めることを知らないのではないかと思えることがあった。すなわち、自己は図2に示すように、言葉と感情の結びつきが強く、身体は自己の構造において疎外されているかのようであった。そしてそのことが、東洋の言葉を用いないヨガや禅などの身体活動に関心を向か

◎身体と感情の結びつきが強い

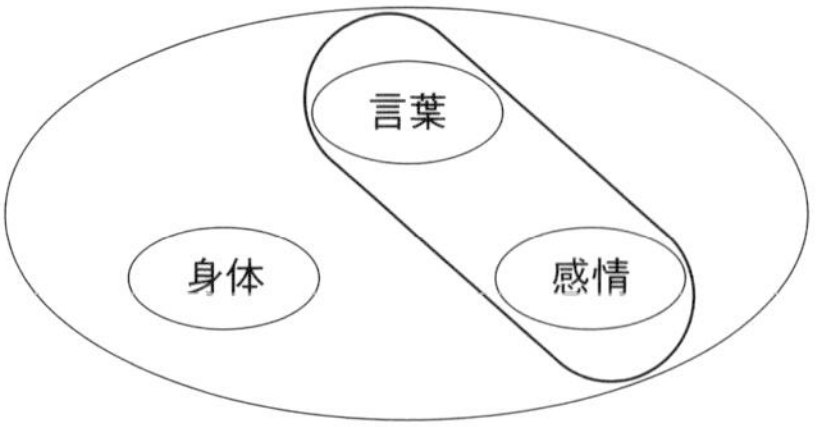

図2　欧米人の自己（言葉‐自己）

わせているように思えた。

日本に帰った直後に、日本心理学会で来日したジェンドリン博士（Gendlin, E.T.）のフォーカシングのワークショップに参加したが、これもやはり「感じたもの（感情）」をさらに「からだ（身体）」と「ことば（言葉）」に結びつけるひとつの試みだなと私は納得した。

〔追記：以上で述べた「感じたもの（感情）」と「からだ（身体）」と「ことば（言葉）」の関連は、現在も私が関心を持ち続けている問題のひとつである。一部については、「心理面接における言語化の工夫」として、第6章の図6（一〇五頁）に示すようなかたちで三つの関連の整理を試みた。また、このことは、これからの臨床心理士の大切な課題になるであろうということで、『鹿児島大学心理相談室紀要』（三号、一‐四頁、二〇〇七年）において、「臨床心理士養成の新しい時代に向けて」として論じた。〕

(3)　ファシリテーター体験

①　here and now からの脱却

私は看護学校生の研修のためのグループ体験で、初めてファシリテーターを行った。このグループは毎年行われていて、私のファシリテーターとしての初期の経験の大部分はこのグループ体験から教えられることが多かった（安部　一九七八、安部・村山　一九七八a、一九七八b）。

それまでのファシリテーター経験を通して明らかになったことは、私がファシリテーターとして、暗々裡の原則をメンバーに押し付けていたということだった。その暗々裡の原則がメンバーを不自由にし、グループの発展を阻止していた。

その暗々裡の原則が何であったかというと、「今、ここでの自分の感じたものを話す」という枠組み、原則であった。この原則によりメンバーのグループ内での動きをチェックしていた。メンバーが病棟や実習の話をしようとすると私はイライラし、here and now の原則に従わないことに腹を立てた。そのことは、今ここでの話ではないので私にはわからない。「私にはわからない」ということを盾に取って、メンバーの自発的な動きを摘んでしまっていた。

また、メンバーがその場にいない友達のことを話したり、過去のことを話したりすると、黙ってその話をきき、メンバーが自発的にその話を止め、自分の今感じていることを話すだろうと期待していた。そして、その期待がうまくいかないと、私は突然に自分の怒りをまくしたてた。メンバーにとっては、なぜ私が腹を立てているのか、興奮しているのかわからなかった。メンバーの私に対する不信感はつのり、グループの動きは私の視線を窺った萎縮したものになった。また、反発だけが残った。メンバーはそのことを次のような言葉で表現した。

　ファシリテーターは自分でタテマエをもっておられるようで、いつもそのタテマエを後から出してこられるように思う。もし、私たちがそうしなければならないのなら、最初から、それが一体何なのかを教えて下さい。

このメンバーの私に対する言葉は深く私の心に残った。このときのグループ体験は徹夜のマラソングループへと発展していくほどに、お互いがわかりあうまでに時間が要った。

このメンバーの指摘で私自身がこれまでのグループ経験のなかで縛られ、あるいは縛っているものの正体が明らかになった。私自身がグループのなかに特別の条件を持ち込むことによってメンバーを、そして私自身をも不自由にしていた。

メンバーの過去もそのメンバーの一部なのであり、メンバーのこれまでの経験を理解することにより、そのメンバーがより理解されるのである。また病棟でのこと、実習でのことも、メンバーの経験している生活の一部であり、私がわからないからといって、なぜ切り捨てられなければならないのだろうか。そのことはむしろ私に、そのメンバーを理解しようとする姿勢が欠けているのを明らかにするだけであり、メンバーもそのように受けとめるに違いない。私自身がメンバーに近づき理解しようとするところから、お互い理解が発展するのではないだろうか。

以上のようなことに気づいてから、「今ここでの自分のことを話す」ということは、小さいことのように感じられてきた。確かにそれはひとが接するためのひとつの手がかりを示してはいるが、それがすべてと思い込んでいた。もっとメンバーを全体的に何のとらわれもないところからみられないだろうか、そういう態度でメンバーに接し始めたとき、私自身グループに参加することが楽になったように思う。

以前のように、ことさらファシリテーターでありながら、メンバーになろうなどと焦らなくなった。私自身がファシリテーターのようにみえるか、あるいはメンバーのようにみえるかは、それはメンバーが最もよく知っているのであり、メンバーに任せればよいのである。そんなゆったりした態度で最近のグループ経験では臨んでいる。そのためか、メンバーからは、おおらかだというフィードバックを受けることが多くなってきた。私自身、そのことを嬉しく思っている。どうやら、here and now の呪縛から脱出できたのではないかと思えるようになっている。

② 私自身をわかってもらうこと

メンバーのときには、黙り込んでいてもそれですんだ。それは私自身のひとつの表現なのだと自分自身も納得をし、黙ったままグループのなかに居られる自由さを味わった。

しかしながら、ファシリテーターとしてグループのなかで黙り込んでいることは、私が何を体験しているかをメンバーにわかりにくくした。メンバーに余計な不安を引き起こし、ファシリテーターからいつも観察されているという印象をメンバーに与えた。

その結果、メンバーの間に、どうしても沈黙ができてしまい、長い沈黙の後に発言したとしても、ファシリテーターが自分たちメンバーを長期にわたって観察した結果として受けとられ、素直にメンバーに受け止められなかった。

このことは、メンバーのグループ体験を促進しようと焦れば焦るほど、何をやってもファシリテーターはグループに何かしようとしているのだと受けとられてしまうこととなった。ファシリテーターとして、どう動いたらよいか迷うことが多く、迷った結果、動けずに沈黙してしまい、メンバーとの溝はより深くなった。

このような経験はメンバーのときにはなかった。ファシリテーターという援助する側にまわって初めて経験することであった。したがってグループでのことが後々まで消化されずに残ることが多かった。メンバー体験のようにグループが終わってしばらくすれば、日常のなかに紛れてしまうことはなかった。

私の言葉に怯えたメンバーの顔や動揺した様子がありありと私の印象に残り、私自身がメンバーとして参加したときと同じ姿を呈していた。私自身、決してメンバーを恐れさせるファシリテーターなどにはなりたくもなかった。

メンバーの私自身に対するフィードバックは的確であり、「正体不明」「透明人間」「ゆうれい」などのイメージに例えられることがあった。

このような経験を通して明らかになったのは、私には自分自身をわかってもらおうとすることが少ないことであった。カウンセリング活動において、クライエントをわかろうとすることを学んだ。ひたすらクライエントをわかろうとして傾聴した。自分でも聴き上手なほうではないかと思ったりすることもあった。話すことよりも、むしろ聴くというかたちで対人関係をもった。

しかしながら、ラホイヤでの体験は違った。トライすることによって私は話し役にまわることのほうが多かった。全くの異質な文化のなかで自分をわかってもらおうとする必然的な行為であったと思う。そして自分をわかってもらえたという体験であり、自分をわかってもらえることにより、これまでにない経験が生じた。

それは友達ができた、ということであった。ラホイヤでは日本やアメリカやドイツなど、今でもつきあっている多くの友人ができた。それはこれまでにないグループでの経験であった。聴き役にまわっていたこれまでの私は、私自身の理解は深まったかもしれないが、基本的には孤独であった。グループ体験が終わって自宅に帰れば、これまでよりも、より問題のみえる自分を抱えて、ひとりであった。グループ体験に参加することは問題を持ち帰ることであり、私は疲れて帰ってくることが多かった。

ところが、私自身をわかってもらおうとすることによって、グループがこれまでにない進展を示すことを発見したことは、私にとって大きな喜びであった。私は自分自身を表現することを以前ほど恐れなくなり、グループ体験で疲れなくなった。

メンバーとの間に距離を経験しても、以前ほど動揺しなくなった。自分をわかってもらおうとすることによって、わかりあえるのではと粘り強く接するようになった。

るように思う。

その後、グループ体験とは何ですかと聞かれたときに、「友達づくりです」と答えることが多くなってい

3　ファシリテーターとしての基本的態度

(1)　訓練ではない、わかりあい

グループ体験は、メンバー相互のわかりあいであり、基本的には訓練ではない。ファシリテーターの役割は、メンバーの欠点を取り上げ指摘するのではなく、わかりあうための安全な風土づくりである。他のメンバーを人間関係について訓練しようとは思わない。人間関係は、他から押しつけられるものではなく、メンバー自身がグループ体験から学ぶものである。メンバー自身の内から成長したい、他のメンバーとふれあいたいなどのメンバー自身の欲求を中心に、グループプロセスが展開されるものと思う。

(2)　友達づくりの場

グループ体験は、友達づくりの場である。グループ体験が終わるまでにメンバー同士がお互いを始まったとき以上に知ることができ、できれば終わりまでにグループ後もつきあえる友達ができればと思っている。グループ体験は人間関係促進のためのひとつの基地にすぎない。そこを基地として人間関係が発展することを願っている。

したがって、ファシリテーターの態度として、メンバーがケンカ別れになってもかまわないとは思わないし、私はケンカするためにグループに参加しようとは思わない。わかりあえないままに終わることは悲しい

ことであり、できるかぎりそのようなことは避けたいと思う。

(3) 基本的な人間関係

グループ体験は、日常生活から離れた非現実的なカタルシスを行う場ではなく、人間関係にとって本来は原点ともいうべき場だと思う。そこでは特別に自分を隠すこともないし、また逆に大げさな自分をみせることもない、自分に対して装うことはないし、装うことで疲れることは避けたい、かといって装っているからと他のメンバーから責められたり、仮面をはがされたりなどの場にはしたくない。それもそのひとなのだと、ややおおらかに受け止めてあげられる場をメンバーと創りたいと思う。

(4) 全員がファシリテーター

グループ体験では、ひとりひとりの持味がグループプロセスのなかで発揮され、そのことでグループメンバー相互のわかりあいが深まることを願っている。その意味で全員がファシリテーターであるという態度で私はグループ体験に臨んでいる。

グループセッションのなかで他のメンバーの言おうとすることを素早くキャッチすることが得意なひと。また、グループが停滞し緊張をはらんだときにジョークをとばしてメンバーをリラックスさせるひと、また、セッション外での企画でギターを弾いたり歌をリードしたりなど才能を発揮するひと。

各々のメンバーが、グループプロセスのそれぞれの局面において得意な面をもっており、その得意な面を活かしてグループを促進していければと思う。

(5) ファシリテーターとはグループの先輩

ファシリテーターとは、他のメンバーよりもグループ体験に参加した経験が多い、グループ体験の先輩であると思う。ただそれだけのことだし、そのことが大切なことのように思う。グループ体験に少しは多く参加しているから、グループ体験での沈黙のつらさも知っているし、およそのグループ体験の進行具合も知っている。ただグループ体験がどのように進むかということについては何も確実なことは知らない。初めてのメンバーとともにこれから始まることを経験しようと緊張もしている。ファシリテーターとはそんなひとだと思う。

しかしながら、私自身も含めて、グループ体験での経験者（ときにはファシリテーターも含めて）は冷たいと思えるときがある。グループ体験に初めて参加して、これまでとは異なったグループ体験の進行具合に戸惑っているメンバーに対して、やさしさを感じられないときがある。「俺たちも同じようなつらさを味わったのだから、おまえたちも同じような経験をしろ」と先輩‐後輩関係の厳しいスポーツクラブではないかと思いたくなるときがある。

確かにグループ体験では、グループ体験が始まったときや、あるいはグループプロセスの途中で味わう独特なつらい経験も、大切なことのように思われる。しかしながら、あのつらさを味わうことが目的ではないように思う。あのつらさを味わうことが目的ならば、おそらく参加するひとは限られてくるものと思われる。参加するメンバーに相当の心的エネルギーがあるときでないと参加できないと思う。むしろ私としては、心的エネルギーが弱いときなどに、ふっと立ち寄れるそんなグループ体験のほうを好む。そして、そこでしばらく時を過ごせば「また、がんばろう」という元気がわいてくるようなグループ体験の場を私は望んでいる。

(6) 会うことの楽しさ

グループ体験とは会うことの楽しさを経験させてくれる場であるように思う。そして人間には基本的に、誰かに会いたい、いっしょに居たいという欲求があるのではないか。それは特別な欲求ではなく、食べたり眠ったりするのと同じくらい当たり前のことのような気がする。そして、この人間には基本的な、食べたり眠ったりするなどもひとりの行為としてよりも、誰かといっしょにという活動として成り立っているように思われる。

したがって、グループ体験には、何よりも会うことの楽しさを知っている人々が、参加しているということができるかもしれない。ファシリテーターとして私は、メンバーのその「会いたい」気持ちを大切にしたいと思う。

4 今後の展開

(1) 友達づくりのグループ

現在、私は高校生や大学生と学校カウンセラーというかたちで接する機会をもっている。これらの人々と接していて気づくことは、友達をつくることの難しさである。

自分がひとりぼっちであることに気づいてはいても、どうやって友達をつくったらいいかわからずにいる。友達をつくることの煩わしさから自宅に閉じこもってしまっているひとも多い。

私自身、青年期を通過する際に同じように孤立を経験した。孤立自体はその個人を成長させるための強いエネルギーともなりうると思われる。しかしながら、それは誰かの眼に見つめられているときであり、誰にも見つめられずに孤立しているときには、むしろ、その個人にとっては残酷なものになるのではないか。グループ体験はこれら誰の眼にも見つめられずにいる人々にとって、何らかのそれまでにない経験になるのではないかと思う。

(2)　親と子どものグループ

脳性マヒ児のリハビリテーション活動や児童相談所での臨床活動を通して、これまでに数多くの親と子どもに出会ってきた。そこでは親と子どもが作り出す微妙な親子関係とともに家族あるいは学校というものについて考えさせられた。

今後できるだけ広範囲の子どもたちと、グループ体験に限らずに、キャンプ形式やその他の集団生活を体験してみたいと思っている。また親たちとは、親としての成長をメンバー同士で援助しあえるようなグループ経験をもてればと願っている。また、家族という日本ではなおこれからの課題に対しても、何らかのグループアプローチを試みてみたいと希望している。

文献

安部恒久　一九七八　ファシリテーター体験と「自己否定」現象　九州大学教育学部心理教育相談室紀要　四巻　七一‐七九頁
安部恒久・村山正治　一九七八a　集中的グループ経験におけるグループ・プロセスに対するファシリテーターの働きかけに関する一考察　九州大学教育学部紀要　二三巻一号　六九‐七六頁
安部恒久・村山正治　一九七八b　集中的グループ経験におけるファシリテーター体験の明確化に関する考察　九州大学教育学部紀要　二三巻二号　三五‐四〇頁

〔追記：四〇年ほど前に書いた文章を読み返してみて、ファシリテーターの基本的態度として、わかりあい、友達づくり、全員がファシリテーターである、といった点を強調しているところなど、現在の私のグループ体験の強調点である仲間体験および仲間関係を大切にしたいという基本的スタンスと、大きくは変わっていないように思える。あらためて、本論文は私自身のグループアプローチの原点なんだなという思いが強く感じられる。〕

第Ⅰ部

グループアプローチと最近の動向

第1章

グループアプローチ
エンカウンターグループに焦点をあてて

1 はじめに

ここでは、グループアプローチのひとつであるエンカウンターグループに焦点をあてて述べる。現在では、後にふれるように、パーソンセンタード・アプローチ（person-centered approach）であることを強調して、パーソンセンタード・エンカウンターグループと呼ばれることもある（伊藤 二〇〇五）。なお、第1章では、一九七六年から一九九八年までの成果をもとに論じ、その後の動向については、次章の「最近の動向」で述べることにしたい。

以下では、グループプロセス、ファシリテーター、個人の変化に分け、最初に、創始者であるロジャーズ（一九七〇）の考えを紹介し、その後に日本での研究の現況を見ていきたい。日本でのエンカウンターグループのこれまでの研究に関しては、村山・野島・安部・岩井（一九七九）、野島（一九八三b、一九八三c）、茂田・村山（一九八三）、村山・野島・安部（一九八七）、坂中・村山（一九九四）等によって、展望が行われている。これらのなかからいくつか主要なものを紹介することとしたい。

2　エンカウンターグループとは

エンカウンターグループという呼称は，カール・ロジャーズ（Rogers, C.R.）らによってアメリカ合衆国において一九四〇年代後半にカウンセラーの訓練をきっかけとして始められたグループ体験を源流とする。その後，エンカウンターグループは，一九六〇年代の人間性回復運動（human potential movement）のなかで展開してきた人間の心理的成長と対人関係におけるコミュニケーションの改善に焦点をあてたグループ体験を指すようになった。

日本においては一九七〇年代に，ロジャーズの元に留学した畠瀬稔・直子夫妻，村山正治・尚子夫妻らによって発展させられてきた。また，ロジャーズは後にパーソンセンタード・アプローチという呼称を用いたが，本論においては特別に区別しないかぎり，エンカウンターグループおよびパーソンセンタード・グループアプローチをエンカウンターグループとして論を進める。

なお，非構成的エンカウンターグループという呼び方は，構成的エンカウンターグループに対して用いられるものであり，構成的エンカウンターグループがセッションのなかで何をするのかを予め決めておく（構成しておく）のに対して，ベーシック・エンカウンターグループでは，通常，何をするのかを決めておくのではなく，何をするかを決めるところからグループ体験を始めるために，このような呼称で呼ばれることが多い。

3　エンカウンターグループの構成

エンカウンターグループは、通常、一、二名のファシリテーターと一〇名から一五名ほどのメンバーで構成される。エンカウンターグループでは参加するスタッフをリーダーとは呼ばずに、ファシリテーター（促進者）と呼んでいる。メンバーを構成するうえでは、顔見知りかどうか、グループ体験があるかどうか、あるいは老若男女の人数など、できるだけバラエティに富むかたちのほうが、グループプロセスもよりダイナミックになってくるようである。また、エンカウンターグループではファシリテーターとなる人に対して特別の資格・条件は設けてない。

時間はできるだけ集中的に、ひとつのセッションが二時間から三時間ぐらいの長さで設定され、しかも二泊あるいは三泊の宿泊形式で行われることが多い。そのために集中的グループ経験という名称で呼ばれたりもする。場所としては、「清里」や「九重」など日常を離れた「文化的孤島」となるところが選ばれやすい。要は、ゆったりと、ゆっくりと「自分」に集中できる時間と場所を準備するということであろう。

4　グループプロセス

エンカウンターグループでは実際にどんなことが起きるのだろうか。

このことについて、ロジャーズは、①模索、②個人的表現または探求に対する抵抗、③過去感情の述懐、④否定的感情の表明、⑤個人的に意味のある事柄の表明と探求、⑥グループ内における瞬時的対人感情の表

表1　エンカウンターグループの発展段階（村山・野島，1977）

段階Ⅰ	当惑・模索
段階Ⅱ	グループの目的・同一性の模索
段階Ⅲ	否定的感情の表明
段階Ⅳ	相互信頼の発展
段階Ⅴ	親密感の確立
段階Ⅵ	深い相互関係と自己直面
終結段階	

明、⑦グループ内の治癒力の発展、⑧自己受容と変化の芽ばえ、⑨仮面の剥奪、⑩フィードバック、⑪対決、⑫グループセッション外での援助的関係の出現、⑬基本的出会い、⑭肯定的感情と親密さの表明、の一四の事柄を生態学的に観察したものとして記述している。

これに対して、村山・野島（一九七七）は日本でのグループ体験を基に発展段階論（ステージ論）として、表1のようにまとめている。

これらの各段階は、①個人の動き、②ファシリテーターの動き、③相互作用のレベル、④グループ形成のレベル、の四つの側面から事例が記述されている。また、村山・野島は段階Ⅳ〔相互信頼の発展〕以上にグループプロセスを展開できるかどうかがグループ体験の成否、すなわちメンバーにとって満足したグループ体験となるか、あるいは不満なものとなるかを決めることを指摘している。

林（一九八九）はこの村山・野島の発展段階仮説を尺度化し、信頼性と妥当性を検討している。林が評定で使用した尺度は、A：自由で自発的な発言の活発さ、B：かなり重要な自己の問題や内面を語ったひとの数、C：語られた話の、語ったひとにとっての重要性、深さ、D：他者に対する傾聴、E：他者に対する自由で自発的なフィードバック、F：発言の率直さ（今ここでの気持ちの表現）、G：ファシリテーター自身がメンバーのひとりとして動けるという感じ、H：メンバーのファシリテーターもメンバーのひとりだという感じ、

I：グループに対してかなり満足感を持ったひとの数、J：グループに対する満足感の深さ、K：グループの安心感、心地よい雰囲気、相互の信頼、L：グループの親密感、M：グループのまとまりと連帯感、の一三尺度である。

また岩村（一九八五）、坂中（一九九八）はエンカウンターグループでのメンバー相互のあるいはファシリテーターとの相互作用を分析している。坂中は体験過程促進の視点から独自の「エンカウンターグループ相互作用様式評価スケール」の開発を試みている。

5　ファシリテーター

エンカウンターグループにおけるファシリテーターはどのような哲学をもち、どのような態度でグループのなかにいようとするのか。

ロジャーズは背景にある哲学と態度について、次のように述べている。

①グループはグループの潜在力を発展させる促進的な風土を自らもっていると信じている。②ある特定のグループに特殊な目的を持ち込むことはなく、そのグループ自身の方向が発展するのを心から願っている。③私の希望は、促進者であるとともに参加者になっていくことである。④私は、グループプロセスのほうが私の発言もしくは行動よりもはるかに重要であり、私がそれに介入しなくても、プロセスは展開すると信じている。⑤感情および認知の両面を伴う全人間が参加してほしいと強く思う。

ロジャーズはこれらの哲学に基づくグループ体験のなかでの促進的な態度や確信については、以下のように具体的に表現している。

①自分を表明するひとに対して，できるかぎり注意深く正確に敏感に耳を傾ける（風土づくりの機能），②グループをそのままに受け入れることが究極において非常に報いが大きい（グループの受容），③グループ自身は，受け入れるときと受け入れないときがあるが，私個人としては受け入れる（個人の受容），④個人が伝えようとする正しい意味を理解する（共感的理解），⑤自分の内部で起こる感情，言葉，衝動，空想を信頼する（私の感情に従って動く），⑥自分の気持ちを積極的にさらけ出すことによってのみ，相手と対決することを好む（対決とフィードバック），⑦もし私がそのとき自分の日ごろの生活で何かに悩んでいるとしたならば，そのことをグループのなかで表明することをいとわない（自分の問題の表明），⑧自発性が一番大切で欠くことのできない要素だと考える（計画と〈演習〉を避けること），⑨グループプロセスに対する注釈の最善のものは，メンバーの間から自然に出てきたものであろう（解説やプロセスに対する注釈の忌避），⑩メンバーが明らかに病的行動を示すような状況では，私はグループの示す知恵を自分自身より信頼する（グループの治療的潜在力），⑪できるかぎり自発的な体の動きとともに自分を表現する（身体運動・身体接触）。

また，ロジャーズは彼が非促進的と信ずるファシリテーターの行動について以下を挙げている。

①グループの隆盛を利用するように見えるひと，②ファシリテーターがグループを無理に推し進めたり，操作したり，規則を課したり，自分の暗黙の目的に向けようと努めたりするとき，③グループの成功・失敗を劇的であったか否かで判断すること，④ある一面的方法をグループプロセスにおける唯一の基本要素と信じるひと，⑤自分の問題があまりに大きくて自分自身をグループの中心におく必要があり，他人に役立つとか十分に気づくとかしないひと，⑥メンバーの行動の動機や原因の解釈をしばしば与えるひと，⑦「さあみんなで，これから……」というような言葉をもって演習や活動を導入すること，⑧グループに個人的情緒的

参加をしないひと。

日本におけるファシリテーターに関する研究については、安部（一九八二）、野島（一九九七）によってまとめられている。

安部は一九七〇年から一九八一年までのファシリテーター研究を、①基本的態度・在り方、②オブザーバー体験、③メンバーによるファシリテーター認知、④事例研究、⑤特定の技法、に分けて展望を試みている。安部は、エンカウンターグループのファシリテーターと集団心理療法のセラピストの在り方を比較して、エンカウンターグループのファシリテーターの特徴として、ファシリテーターのメンバー性（リーダーシップの分散）、自己表明性（自己開示）、プロセスの集中性（プロセス・デベロップメント）の三点を指摘している。この時期は、ファシリテーターを体験し、それを事例として発表してファシリテーターの独自性とは何かを追求した時期と言えるだろう。これらの成果は、村山（一九七七）、佐治・石郷岡・上里（一九七七）、佐治・村上・福井（一九八一）、都留（一九八七）にみることができる。

また、野島はその後の一九九四年までの一四五論文を、①ファシリテーター体験記、②ファシリテーター体験の事例研究、③ファシリテーターをめぐる実証的リサーチ、④ファシリテーター論、⑤ファシリテーター養成、の五つに分けて整理を行っている。そして、このなかのファシリテーター論に焦点をあてた二六論文について展望を行い、問題と今後の課題を示している。この時期では、実証的リサーチが試みられ始め、ファシリテーター論よりも具体的で特化したものとなっている。

たとえば安部（一九八四）は青年期仲間集団のグループ体験に焦点をあて、ファシリテーションの要点として、①グループ体験へ動機づけるために、メンバー相互の「違い」を明確にすること、②既知集団のなかの異質メンバーとしてファシリテーターはメンバーの「みんな意識」と「擬仲間関係」を取り上げること、

③グループ体験のなかに持ち込まれた日常の人間関係に対して，仲介者として新しい仲間関係の獲得を援助すること，の三点を指摘している。

また申（一九八六）はメンバーの成長度とファシリテーター関係認知プロセスに，林（一九九〇）はコ・ファシリテーター関係に，下田（一九九三）はシェアード・リーダーシップに，中田（一九九三）は研修型のエンカウンターグループに，野島（一九九八）はグループプロセスの各発展段階毎のファシリテーションに焦点をあてたファシリテーター研究を展開している。

6　個人の変化

エンカウンターグループ体験は個人（参加者）にどのような影響（効果）を与えるのであろうか。個人（参加者）はエンカウンターグループ体験によって，どのような側面がどのように変化するのであろうか。ロジャーズは自分が関わった数百のグループ体験を通して，自己概念の変化，自己可能性の実現化，新しい生き方の選択などの変化が参加者に生じることを示している。また，家族内コミュニケーション，親子，夫婦，教師と生徒，職場などの人間関係，さらに教育界や産業界などの組織にも影響を与えることを指摘している。

日本においても，個人にどのような変化が生じるのかといったいわゆる効果研究は，①アンケート法，②心理テスト法，③面接法，④事例研究法，によって行われ，自己概念をはじめとして参加者の生き方に多くの影響（効果）を与えることが確かめられてきている。

たとえば，村山・野島（一九七六）はエンカウンターグループ体験が肯定的な影響を与えたと思われる男女各二名に対して面接調査を行い、①ストレートな感情表現、②異性に対する緊張感の減少、③権威に対する恐れの減少、④自己の変化、⑤他人が近づきやすくなる、などの意識レベルでの変化を報告している。

心理テストとしては、自己実現スケールを用いた研究が村山ら（一九八五）によって推進され、平山（一九九三）はエンカウンターグループ独自の効果尺度を発展させることを試みている。また、平山（一九九八）は個人のエンカウンターグループ経験の過程（総合的個人過程）と心理的成長について豊富なリサーチデータを踏まえて臨床仮説モデルを提示した。その一部を紹介すると、展開期のエンカウンターグループ経験が心理的成長に対してもつ意義（効果としての心理的成長の中身）として、①対自己関係様式の変化、②自己概念の変化、③対他者関係様式の変化、④他者概念の変化、⑤自発性・主体性の発展を挙げている。

また野島（一九八三a）はエンカウンターグループにおける個人過程として、①主体的・創造的探索過程、②開放的態度形成過程、③自己理解受容過程、④他者援助過程、⑤人間理解深化・拡大過程、⑥人間関係親密化過程、の六つを指摘している。

この他に、エンカウンターグループ参加後の個人の心理的過程として文化的側面に焦点をあてた研究が、畠瀬稔（一九八四）によって試みられている。畠瀬はラホイヤプログラム参加者を対象とした日米の比較文化研究を行い、参加体験の違いを明確にしている。すなわちアメリカの参加者が孤独を癒す体験としてとらえているのに対して、日本の参加者は上下関係などの人間関係に対する開放性の体験として経験していることを指摘している。

7　おわりに

村山・野島・安部（一九八七）は今後の展開として、①ムーヴメントとしての方向性、②ファシリテーター養成、③ケース・スタディとリサーチとの関係、④日本の実践のなかからの概念化、⑤展開領域の拡大、⑥他の学派との比較研究、の六つを指摘したが、このなかでも④日本の実践のなかからの概念化と⑤展開領域の拡大が一九九〇年代に入って活発になってきている。

とくに畠瀬（一九九〇）、小柳（一九九〇）、東山（一九九二）、村山（一九九三）、福井（一九九七）、平山（一九九八）、野島（一九九八）、などによって、これまでの自らのエンカウンターグループに関する実践や研究を独自の体系としてまとめる動きが活発になってきており、日本のエンカウンターグループ研究が熟し始めた気配がある。また展開領域についても、カウンセリングや心理臨床の分野だけでなく、教育、看護、福祉、産業界など、「人間」に関わる様々な領域に着実に拡がりをみせている。日本において毎年エンカウンターグループを開催している人間関係研究会、福岡人間関係研究会の年間プログラムをみても大幅に増え多様化してきていることがわかる。

今後、さらに、この実践の概念化と展開領域の拡大の流れは勢いを増すものと思われる。

特に、教育の領域においては、生涯学習やスクールカウンセラーの配置などの試みのなかで、また福祉においては、高齢者福祉や生きがいの問題などとの関連で、「こころ」の在り方が求められれば求められるほど、エンカウンターグループは「人間」に接近する有効なアプローチとなりうる。また、対象展開領域が拡大すればするほど、実践活動を活性化するリサーチの促進、それぞれの領域でのファシリテーター養成の工夫、また他のアプローチとの交流といったことも、当然のことながら課題となってくると思われる。

文献

安部恒久　一九八二　エンカウンターグループにおけるファシリテーターに関する研究　中村学園研究紀要　一五巻　一-一五頁
安部恒久　一九八四　青年期仲間集団のファシリテーションに関する一考察　心理臨床学研究　一巻二号　六三-七二頁
福井康之　一九九七　人間関係が楽しくなる――エンカウンターグループへの招待　新水社
畠瀬　稔　一九八四　エンカウンターグループ経験における日米比較研究　人間性心理学研究　二号　七九-九七頁
畠瀬　稔　一九九〇　エンカウンターグループと心理的成長　創元社
林もも子　一九八九　エンカウンターグループの発展段階尺度の作成　心理学研究　六〇巻一号　四五-五二頁
林もも子　一九九〇　エンカウンターグループにおけるファシリテーター関係の重要性　心理学研究　六一巻三号　一八四-一八七頁
東山紘久　一九九二　愛・孤独・出会い　創元社
平山栄治　一九九三　エンカウンターグループにおける個人過程測定尺度の作成とその検討　心理学研究　六三巻六号　四一九-四二四頁
平山栄治　一九九八　エンカウンターグループと個人の心理的成長過程　風間書房
伊藤義美編　二〇〇五　パーソンセンタード・エンカウンターグループ　ナカニシヤ出版
岩村　聡　一九八五　エンカウンターグループ発言カテゴリーを応用した学生グループ事例――経験者や顔見知りの多いグループ　広島大学総合科学部学生相談室活動報告書9　五-二六頁
村山正治編　一九七七　エンカウンターグループ　講座心理療法7　福村出版
村山正治　一九九三　エンカウンターグループとコミュニティ　ナカニシヤ出版
村山正治・野島一彦　一九七六　エンカウンターグループ経験者の事例研究　九州大学教育学部紀要（教育心理学

部門）二一巻一号　四七－五五頁
村山正治・野島一彦　一九七七　エンカウンターグループプロセスの発展段階　九州大学教育学部紀要（教育心理学部門）　二一巻二号　七七－八四頁
村山正治・野島一彦・安部恒久　一九八七　日本におけるパーソン・センタード・アプローチの現状と展望　九州大学心理臨床研究　六巻　七七－八四頁
村山正治・野島一彦・安部恒久・岩井　力　一九七九　日本における集中的グループ経験研究の展望　実験社会心理学研究　一八巻二号　一三九－一五二頁
村山正治・山田裕章・峰松　修・冷川昭子・亀石圭志　一九八五　自己実現尺度で測る精神的健康（4）――SEAＳに関する統計資料　健康科学　七巻　一一一－一一八頁
中田行重　一九九三　エンカウンターグループのファシリテーションについての一考察　心理臨床学研究　一〇巻三号　五三－六四頁
野島一彦　一九八三a　エンカウンターグループにおける個人過程――概念化の試み　福岡大学人文論叢　一五巻一号　三三－五四頁
野島一彦　一九八三b　日本における集中的グループ経験の「過程研究」展望（上）　福岡大学人文論叢　一五巻二号　三八九－四二八頁
野島一彦　一九八三c　日本における集中的グループ経験の「過程研究」展望（下）　福岡大学人文論叢　一五巻三号　七五九－七七九頁
野島一彦　一九九七　日本におけるベーシック・エンカウンターグループのファシリテーションの展望　九州大学教育学部紀要（教育心理学部門）　四一巻一号　六三－七〇頁
野島一彦　一九九八　エンカウンターグループの発展段階におけるファシリテーション技法の体系化　九州大学博士論文
小柳晴生　一九九〇　現代社会とエンカウンターグループ　心理臨床　三巻一号　三一－三八頁
Rogers, C. R.　1970　*Carl Rogers on Encounter Groups.* Harper & Row.（畠瀬　稔・畠瀬直子訳　一九八二　エンカウンターグループ　創元社　一九八二）

佐治守夫・石郷岡泰・上里一郎編　一九七七　グループアプローチ　誠信書房
佐治守夫・村上英治・福井康之編　一九八一　グループアプローチの展開　誠信書房
坂中正義　一九九八　体験過程の視点からみたエンカウンターグループでの相互作用――その測定の試み　人間性心理学研究　一六巻二号　一八-三〇頁
坂中正義・村山正治　一九九四　日本におけるエンカウンターグループ研究の展望　九州大学教育学部紀要（教育心理学部門）三八巻二号　一四三-一五三頁
茂田みちえ・村山正治　一九八三　日本における「集中的グループ経験」の効果研究に関する文献集録　九州大学教育学部紀要（教育心理学部門）二八巻一号　六三-七二頁
下田節夫　一九九三　シェアード・リーダーシップの実現　人間関係研究会「ENCOUNTER 出会いの広場」一六巻　二-五頁
申　栄治　一九八六　エンカウンターグループにおけるファシリテーター関係認知スケール作成の試み　心理学研究　五七巻一号　三九-四二頁
都留春夫　一九八七　「出会い」の心理学　講談社現代新書

第2章　最近の動向

1　はじめに

私が学生時代を過ごした一九六〇年代および一九七〇年代の九州大学は、野島（二〇〇八）が述べるように、グループアプローチに関する実践と研究が最も活発な大学であった。

とくに、グループダイナミックス（集団力学）講座の三隅二不二（ＰＭ式リーダーシップ理論の提唱者）は、アメリカ合衆国メイン州ベッセルでのＮＴＬ（National Training Laboratory）のトレイニングに一九五七年および一九六一年に自身参加し、『感受性訓練――Ｔグループの理論と方法』（一九七一）を翻訳し、トレイニンググループ（training group, T-group）を日本で活発に行っていた。

また、一九七四年には、アメリカのＣＳＰ（Center for Studies of the Person）でロジャーズからエンカウンターグループを学んで帰国した村山正治（九州大学名誉教授）は、九州大学教養部から九州大学教育学部に異動し、精力的にグロースグループ（growth group）としてのエンカウンターグループに関する研究と実践を開始していた。私自身、このふたりに強い影響を受けながら、トレイニンググループおよびグロースグループとの関わりを九州大学在学中にもった。

なお、先にふれたように、第2章では、一九九七年から二〇〇九年までの研究成果に基づいて、エンカウンターグループを中心に最近の動向を探ることとする。

2　グループアプローチの多様性

(1)　エンカウンターグループの発展

一九六〇年代、一九七〇年代に、様々なトレイニンググループ、グロースグループが人間性回復運動(human potential movement) のなかで、人間の〝疎外〟回復や〝可能性〟に対する強い期待として、専門家だけでなく一般の人々に幅広く受け入れられた。しかしながら日本において、一九八〇年代、一九九〇年代から現在まで、継続して影響力を持ちえているグロースグループは、エンカウンターグループだけであろう。


エンカウンターグループは日本への導入から二〇年を経過する一九九〇年代から、日本での実践を踏まえた独自の成果が公表され始めた。

畠瀬（一九九〇）は〝権威〟に対する日米の違いを、平山（一九九八）は個人の心理的成長過程に及ぼすエンカウンターグループ体験を、野島（二〇〇〇）はグループプロセスの発展段階毎におけるファシリテーションを明確にしている。また、鎌田（二〇〇三）はグループに対する基本的視点としてPCA Group という視点を、中田（二〇〇五）は問題意識性を目標とするファシリテーションという視点を提案している。さらに、安部（二〇〇六）はグループプロセスの発展を仲間関係の形成という視点から公式化を試みている。

(2) エンカウンターグループの多様化――パーソンセンタードアプローチの展開

日本では、人間関係研究会や福岡人間関係研究会が、毎年、精力的にエンカウンターグループ・プログラムを提供している。また、大学の授業や学生相談室等が主催して、パーソナリティの発達途上にある主に大学生を対象に、自己および対人関係の理解を深めることを目的としてエンカウンターグループが実施されている。

最近のエンカウンターグループは、いわゆるベーシック・エンカウンターグループだけでなく、エンカウンターグループのコアな精神を引き継ぎながら、パーソンセンタードアプローチとして、時代の変遷を反映した多彩なプログラムになってきている。

以下に、人間関係研究会のプログラムおよび伊藤（二〇〇五）が編集した『パーソンセンタード・エンカウンターグループ』を参考に、最近のいくつかの傾向を指摘したい。

① 対象や領域が拡大してきている

対象が小学生から高齢者まで広がっており、高校生や中学生や小学生に対してもベーシック・エンカウンターグループの試みが行われている。また、授業や学生相談だけでなく、保護者にも「不登校児をもつ親に対してエンカウンターグループ」として実施されている。

② 地域や社会とのつながりを重視している

高松（二〇〇四）はセルフヘルプ・グループやサポート・グループとして、また村山（二〇〇五）は福岡人間関係研究会を基盤に、地域へのコミュニティ・アプローチを長年展開している。さらに窪田（二〇〇九）は地域支援を重視したコミュニティ・グループワーク活動を試みている。

③ 国際化を踏まえたグループが増加している

人間関係研究会では「多文化間エンカウンターグループ」を、また野島研究室では「日本人と留学生の異文化交流のエンカウンターグループ、日本語学校における中国語による中国人就学生のためのエンカウンターグループ」を、さらに母国語（韓国語、中国語）による保育園児・小学生の保護者のグループを実施している。

④ 表現方法が多様化してきている

「アートセラピー」を活用したエンカウンターグループや「巡礼」に出るエンカウンターグループが試みられ、言葉以外での「身体」や「行動」による交流を主としたエンカウンターグループが試みられ、表現方法が多様化してきている。

⑤ 内面への関心が強くなってきている

エンカウンターグループだけでなく「フォーカシング」（Gendlin, E. T.）に関心をもつ参加者がおり、両方のアプローチを体験している者もいる。また、「スピリチュアル・エンカウンターグループ」なども実施されており、「自己の自己」とでも呼べる内面への関心が強くなってきている。

(3) 最近の変化――セッションの自由化と構造化

① セッションの自由化

最近のエンカウンターグループでは、セッションやプログラムの設定にこれまでとは異なった変化が起きている。これまでは、二時間から三時間ぐらいのセッションを二泊から三泊、およそ二〇時間ぐらいを集中して実施することが多かった。そのことによって参加者は〝心理的成長〟を得ることができると期待されていた。

しかしながら、最近では、たとえば、村久保ら（二〇〇八）のスロウ・エンカウンターグループなどにみられるように、セッション構造やプログラム構成に通常のエンカウンターグループ以上の自由さを与える試みが行われている。セッションやプログラムを意識するのではなく、参加者がその場でどのように過ごしたいのかを最大限に尊重する試みのように思われる。

② セッションの構造化

また、一方で、野島らの「半構成的エンカウンターグループ」（濱田・野島 二〇〇八）にみられるように、最近の特徴として、ベーシック・エンカウンターグループとしての「構造（構成）のない自由」よりも、何を学ぶかが、ある程度、「明確になっている構造（構成）」を好む参加者がいる。いわゆる、構成的エンカウンターグループに代表されるように、プロセスがどのように動いていくかわからないスリル（リスク）よりも、どのように動くかが、わかっているほうが安心（安全）だということであろう。したがって、大学等での授業においても、エンカウンターグループを実施する場合は、構成化（構造化）されたプログラムで実施される傾向が強くなっている。

3　グループアプローチの可能性

(1)　専門職を対象としたトレイニンググループ、グロースグループ

グループセラピストのためのトレイニンググループとしての体験グループは、日本集団精神療法学会の中核的な課題として議論および実践が重ねられてきている。振り返ってみると、小谷（一九九六）は「学会公

式集団精神療法研修システム」において体験グループ（トレイニンググループ）が基礎研修に含まれることを報告し、第一五回大会（一九九八）では集団精神療法の研修に関してシンポジウムが開催され、体験グループに関して討論がなされた。また、能（二〇〇〇）はグループ形式を用いた集団精神療法訓練プログラムの基本構造とその意義を論じ、高良（二〇〇一）は『集団精神療法』一七巻一号の特集として「臨床と訓練の間」を取り上げた。さらに、高橋（二〇〇二）は初期不安の取り扱いを訓練グループの視点から論じ、『集団精神療法』一九巻一号（二〇〇三）においては「グループリーダーをめぐる諸問題」が特集として取り上げられた。

なお、第二六回大会では、中久喜・杉山（二〇〇九）は精神科に勤務する専門職を対象に実施したT－グループを紹介し、T－グループの多様性と可能性を検討するワークショップを開催した。また同時に、各地域で実践されている四種のトレイニンググループが参加し、討論が行われた。

(2)　専門職を目指す学生のためのトレイニンググループ

専門職を目指す学生がロールプレイだけでなく、実際のグループ体験をとおして、グループプロセスの促進や介入の仕方を学ぶトレイニンググループとしてエンカウンターグループが実施されている。村山（二〇〇五）は、エンカウンターグループを構成的エンカウンターグループと非構成的エンカウンターグループという対立項でとらえるのではなくPCA方式によるエンカウンターグループを開発している。また、野島は九州大学において、通常のベーシック・エンカウンターグループというよりは、訓練に適合した「コラボレーション方式」（野島ら 二〇〇八）を開発し、エンカウンターグループをトレイニンググループとして発展させる試みを継続的に行っている。

(3)　トレイニングを目標としたグロースグループから学ぶもの

①　関係を「つなぐ」体験

トレイニングを目標としたグロースグループから、自己を深く理解するだけでなく、ヨコに関係を促進することを学ぶ体験が可能である。先に述べた村山や高松や窪田のコミュニティへのアプローチは、この利点を最大限に活かしたものであろう。また、安部（二〇〇六）はエンカウンターグループのグループプロセスの発展を仲間関係形成の観点から公式化している。さらに、池田ら（二〇〇八）は不登校児に対する多様な支援としてヨコ関係を重視したヨコ体験グループを長年にわたって試みている。ただし、これらの場合に大切な視点は、単に関係をヨコにつなぐというよりは、コミュニティのなかにいる個人を尊重する結果として、ヨコの関係へと発展したグループとなっていることであろう。

②　プロセスを「つなぐ」体験

トレイニングを目標としたグロースグループから、グループプロセスに巻き込まれることなくグループプロセスを促進することを学ぶことが可能である。井上・小谷（一九九七）は「プロセスグループ」の可能性として訓練技法の体系化を試みているし、野島（二〇〇〇）はグループプロセスの発展段階毎のファシリテーションを明確にしている。

グループプロセスの学習には、トレイナー（ファシリテーター）がグループの内側からグループプロセスを促進することとグループプロセスの外側から促進することの二種類のファシリテーション手法を学ぶ必要があると思われる。筆者はこの二種類のファシリテーション手法をインサイダー・ファシリテーションおよびアウトサイダー・ファシリテーションと呼んだが、トレイニングを目標としたグロースグループは、この二つの手法を学ぶ機会を参加者に提供することができる。

③　グループアプローチと個人アプローチを「つなぐ」体験

トレイニングを目標としたグロースグループから学ぶものとして、グループと個人の両方をつなぐ視点と技法を学ぶことができる。これらを学ぶうえで、平山（一九九八）が明らかにしたエンカウンターグループにおける個人の成長メカニズムと心理的成長の中身についての臨床仮説モデル、また坂中（二〇〇一）による関係認知の観点からのロジャーズの三条件をグループアプローチにおいて検討した研究成果は大いに参考になると思われる。

ところで、グループアプローチと個人アプローチを「つなぐ」場合の特有の視点はどのようなものであろうか。筆者は次のように考えている。

グループアプローチから生まれてくる個人アプローチは、無理に個人を変えようとしなくても、個人がグループのなかに居る（being）ということ自体が、個人に対する支援になり得るといった性質のものではないか。

4　今後の方向性

今後の方向性として、野島（二〇〇八）は五点を指摘しているが、これらのなかで、トレイニンググループ、グロースグループが最も貢献できるのは、①子育て支援のグループアプローチと高齢者のグループアプローチ、および⑤の対人援助職のバーンアウト防止のためのグループアプローチではないかと思われる。

また、これらに加えて、教育領域における学生の自己や対人関係の「成長（発達）」そのものを援助するグループアプローチ、あるいは学生相談におけるグループカウンセリングとして貢献できる可能性が高い。

ただ、実際には、いずれの場合にも、成功したグループアプローチの場合には、どのような形態のグループアプローチであれ、結局のところ、参加者の体験レベルにおいて、自己の成長を実感できるグループ体験であるかどうかが、グループアプローチとしての成否には不可欠ではないかと思われる。

文献

安部恒久　二〇〇六　エンカウンターグループ――仲間関係のファシリテーション　九州大学出版会

Bradford, L.P., Gibb, J. R., & Benne, K.D. 1964. *T-Group Theory and Laboratory Method: Innovation in re-education.* Wiley.　三隅二不二監訳　一九七一　感受性訓練――Tグループの理論と方法　日本生産性本部

濱田恵子・野島一彦　二〇〇八　〝話すことが難しい〟人への半構成方式エンカウンターグループのファシリテーション　日本人間性心理学会第二七回大会発表論文集　二六－二七頁

畠瀬　稔　一九九〇　エンカウンターグループと心理的成長　創元社

平山栄治　一九九八　エンカウンターグループと個人の心理的成長過程　風間書房

池田豊應・松本大輝・石牧良浩・原賀　学・原賀吏佐子・熊谷直人　二〇〇八　不登校生徒のためのグループアプローチ（10）――愛知学院大学での一〇年間のまとめと展望　日本人間性心理学会第二七回大会発表論文集　一〇二－一〇三頁

井上直子・小谷英文　一九九七　集団精神療法訓練法としてのプロセスグループの可能性（Ⅱ）――プロセスダイナミックスと道具的介入　集団精神療法　一三巻一号　五三－六〇頁

伊藤義美編　二〇〇五　パーソンセンタード・エンカウンターグループ　ナカニシヤ出版

鎌田道彦　二〇〇三　PCA Group の基本的視点の提案とその展開――学校現場における事例研究による検討　東亜大学博士学位論文

小谷英文　一九九六　研修委員会パネル基調報告：学会公式集団精神療法研修システムの構築に向けて　集団精神

療法　一二巻二号　一三九 - 一四三頁
窪田由紀　二〇〇九　臨床実践としてのコミュニティ・アプローチ　金剛出版
村久保雅孝・高松 里・平井達也・井内かおる・吉川麻衣子・都能美智代　二〇〇八　ゆっくりすることの意味――スロー・エンカウンターグループで起こっていること　日本人間性心理学会第二七回大会発表論文集　九八 - 九九頁
村山正治　二〇〇五　ロジャースをめぐって――臨床を生きる発想と方法　金剛出版
中久喜雅文・杉山恵理子　二〇〇九　T - グループの多様性と可能性　日本集団精神療法学会第二六回大会プログラム・抄録　三九頁
中田行重　二〇〇五　問題意識性を目標とするファシリテーション　研修型エンカウンターグループの視点　関西大学出版部
日本集団精神療法学会　二〇〇三　特集＝グループリーダーをめぐる諸問題　集団精神療法　一九巻一号　八 - 三七頁
能 幸夫　二〇〇〇　グループ形式を用いた集団精神療法訓練プログラムの基本構造とその意義　集団精神療法　一六巻一号　三四 - 四一頁
野島一彦　二〇〇〇　エンカウンターグループのファシリテーション　ナカニシヤ出版
野島一彦　二〇〇八　第二六回大会に向けて・グループアプローチの多様性と可能性　集団精神療法　二四巻二号　九〇 - 九二頁
野島一彦・山崎俊輔・濱田恵子・顧佩霊・森本文子・佐々木健太　二〇〇八　「コラボレーション方式Ⅲ」による構成的エンカウンターグループの検討　日本人間性心理学会第二七回大会発表論文集　五〇 - 五一頁
坂中正義　二〇〇一　ベーシック・エンカウンターグループにおけるC. R. Rogersの３条件の測定――関係認知の視点から　心理臨床学研究　一九巻五号　四六六 - 四七六頁
高橋哲郎　二〇〇二　訓練グループの視点から　集団精神療法　一八巻一号　二九 - 三四頁
高松 里　二〇〇四　セルフヘルプ・グループとサポート・グループ実施ガイド　金剛出版
高良 聖　二〇〇一　特集＝臨床と訓練の間　集団精神療法　一七巻一号　一〇 - 一六頁

第Ⅱ部

ファシリテーターの特徴と難しさ

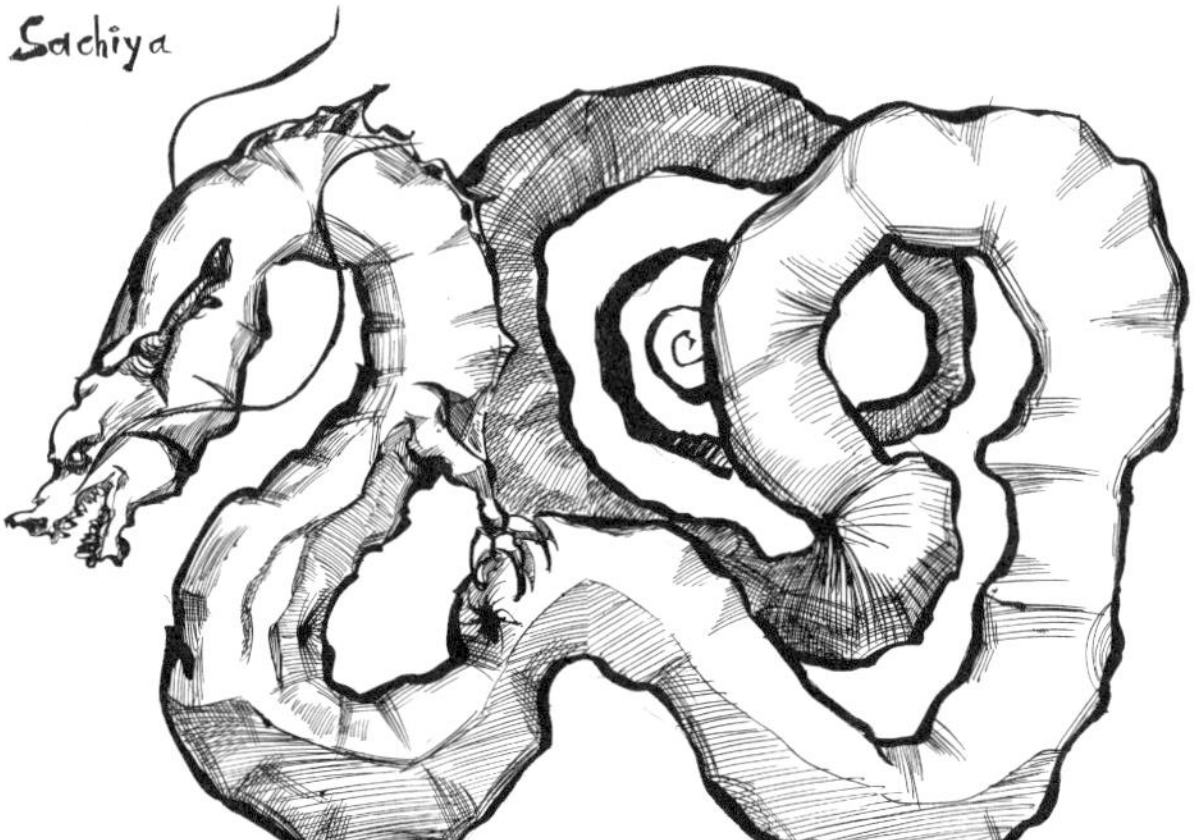

第3章

ファシリテーターの特徴

リーダーシップの分散・自己表明・グループプロセスの形成

1 はじめに

エンカウンターグループにおけるファシリテーターの行動（役割・機能）を、個人療法・集団療法と比較して図示すると図3のようになる。

すなわち、エンカウンターグループにおけるファシリテーターの行動（役割・機能）は、個人療法、集団療法の、セラピストの行動（役割・機能）を一部、含んでいる。エンカウンターグループにおけるファシリテーターは、個人療法、集団療法におけるセラピストと、全く違った行動をしているわけではない。むしろ臨床心理学を始め、隣接諸科学がこれまで、個人療法、集団療法において発展させてきた知見のうえに、より独自の新しさを強調し、拡大しようとしていると言えるだろう。

以下に、まず「2 個人療法と共通するファシリテーターの行動」、「3 集団療法と共通するファシリテーターの行動」を述べ、その後、「4 エンカウンターグループにおいて、強調されるファシリテーターの行動」を明らかにしたい。

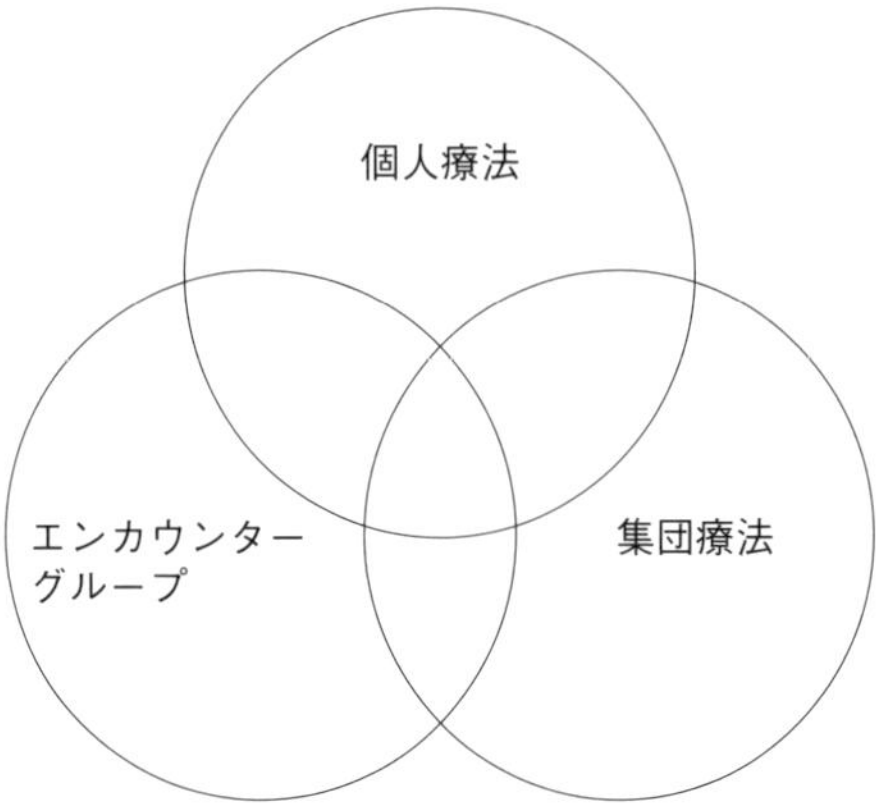

図3　エンカウンターグループと個人療法・集団療法との比較

2　個人療法のセラピストとファシリテーター

エンカウンターグループは個人の成長を促進することを第一の目的とし、また参加者も新しい自分に挑戦する場として、あるいは、これまでにない自分を経験できる場として期待するなど「自己成長」を目的としている。

したがって当然ながら、このような個人の成長を援助する方法として、臨床心理学あるいはカウンセリングの分野が発展させてきた個人を援助する臨床技法はおおいに有用である。

すなわち、ロジャーズ（Rogers, 1957）が明確にした心理治療に必要な、共感的理解、一致、無条件の積極的関心といった治療者の条件がファシリテーターに基本的に必要な態度であることは、明確である。通常のカウンセリングのなかで強調される積極的傾聴、感情の明確化、焦点化、暖かい信頼関係の形成などは、ファシリテーターにとっても必要な態度であると思われる。

都留（一九七二）は「……②わかろうとする――近づく、問いかける、③よびさます――働きかける、さそい出す……」、山口・穂積（一九七六）は「(3)メンバーのさまざまな気持ちに添っていられるような感じがもてること……(5)メンバーの発言を解釈しないで、発言しているときの気持ちを感じとれること」、野島（一九七九）は「①メンバーの気持ちの明確化、②メンバーへのフィードバック」をそれぞれ指摘している。

ただし、当然のことではあるが、グループアプローチはその構造において個人療法と違っている。個人療法で強調されるセラピストの態度を、集団療法やエンカウンターグループにおいては、セラピストやファシリテーターが単独で行うわけではない。小谷（一九七九）が集団療法と個人療法における転移の取り扱いについて述べているように、集団療法、エンカウンターグループでは積極的にメンバーの力を活用していく。ヤーロム（Yalom, 1975）は次のように述べている。

個人療法では治療者は変化を惹き起こす唯一の直接的な発動者として機能する。集団療法では彼ははるかに間接的に機能する。集団療法における治療要因は基本的には治療者ではなく他のメンバーによって仲介されるものであり、彼らメンバーが受容と支持、希望、（個々人の経験の）普遍性の経験、愛他的行動の機会、および対人的なフィードバックや吟味や学習を提供するものである。治療者の仕事は、集団が、これらの治療要因が最大限に発揮される雰囲気をもった一つの凝集性の高い単位に発展するのを援助することである。

3　集団療法のセラピストとファシリテーター

集団療法とエンカウンターグループの間には、治療目標、メンバーの選択、治療期間、契約、グループリーダーの在り方、グループ活動、視点、終結時の評価において明らかな違いがみられる。そして、目標が違えば、そのことを実現するための方法および手段は当然ながら違ってくる。集団療法において強調される目標は、あくまで〝治療〟であり、エンカウンターグループにおいては、〝成長〟である。したがって、そのためのセラピストあるいはファシリテーターといったグループリーダーの在り方は異なっている。

小谷（一九八〇）は、セラピーグループではリーダーの在り方は、neutral であり、介在者（intervener）としての機能が強調され、timely な解釈が主要な技術となり、それに対して、エンカウンターグループでは、リーダーは supportive であり、暖かみのある個人としての対象機能が強調され、解釈よりもフィードバックが主な技法となることを指摘している。

しかしながら、以上のような相違はみられるものの、同じグループ構造を基盤とした活動であるため、グループから派生してくるリーダーの課題には共通面がみられる。集団療法におけるセラピストと共通するファシリテーターの行動について、以下に述べる。

(1)　コミュニケーションの促進

まずは、当然のことながら、コミュニケーションの量が一対一の個人療法とは比べものにならないほど多い。したがってメンバーそれぞれがわかってほしいこと、伝えたいことが十分に他のメンバーに伝わらない危険性がある。この点はグループが嫌われる理由のひとつでもある。

したがって、グループリーダーにはこの大量の情報をキャッチし、アレンジし、グループに返していくというコンピューターまがいの情報処理能力が要ることになる。ただし、前にも述べたように、このことをリーダーひとりが行うのではなく、メンバーのもつ力を活用していく。すなわち、メンバー相互のやりとりにリーダーが関わる過程が、治療そのものとなるわけである。

畠瀬（一九七七）はグループの促進機能として、連鎖現象、多側面からの鏡映、普遍化、行動化傾向、集団的均衡化、協力の集約現象、脱落者を防ぐ要求、平等への要求等を、メンバーの促進機能としては他人への共感的理解などをあげている。また都留（一九七二）は、「④つなぐ─助ける、補う」を、野島（一九七九）は「グループ全体に対しては、……⑦状況の理解、⑧交通整理」、「個人に対しては、……③メンバーとメンバーのパイプ役、……⑤流された問題を再び取り上げる」を指摘している。

まとめると、以下の四点になると思われる。

① 意図の確認

メンバーがそれぞれ言いたいことを言えているかどうか。また逆に、正確に聴けているのかどうかの確認。

「AさんがBさんに言いたいことは○○ですか？」

「私にはAさんはこういうことを言おうとしているように聴こえるんですが、そうですか？」

② 「ずれ」の指摘

メンバー同士のやりとりのなかで気づいた〝ずれ〟の指摘。

「AさんとBさんの言っていることには○○な違いがあるように思えるのですが……」

「私にはAさんはこのように言おうとされているように思えますし、Bさんはこのように言おうとされているように思えますが……」

③ 軌道修正

グループのなかではすべての話題が取り上げられるわけではない。またグループにとって不都合な避けたい話は話題になりそうでならないことが多い。話せるためには、話せるようなグループのプロセスが必要である。

しかし、多くの場合、無視されたままプロセスが進んでいく。そんな場合はリーダーのほうで取り上げる。

「さきほど、Aさんが言ったあの件はどうなったのでしょうか？」

「さきほどの話題とは話が少しずれてきたように、私には思えるのですが……」

④　発言の促進

グループのなかで発言することは、次に述べるようにグループからの圧力を感じることが多い。気の弱いメンバーは、つい遠慮してしまいがちになり、黙りがちになる。

とくに日本のグループでは、もう少し発言したほうがみんなに伝わると思えるところで、発言をやめるメンバーが多い。そんなとき、ファシリテーターからの「発言の促進」が必要になる。

「Aさん、Bさんにもう少し、そこのところを話してみてください」

「Bさん、どうでしょうか？　納得できたでしょうか」

(2)　集団がもつ圧力に対するファシリテーターの行動

集団自体が、個人療法の場合と比較して、集団の圧力としてメンバーに働きやすい。個人療法の場合には、セラピストがクライエントのペースを尊重して、相手のペースに合わせることが可能である。しかしながらグループの場合には、グループがまとまればまとまるほど、すなわち凝集性が高まれば高まるほど、グループ全体（Group-as-a-whole）として機能しやすい。ややもすれば、個人は集団の圧力のなかでつぶされてしまいかねない。

したがって、個人を保護する行動がファシリテーターには要請される。

①　発言の機会をできるだけ全員に提供する

とくにグループの導入期において、全員が発言の機会をもつ配慮が必要である。グループの初期に発言できない場合には、後々まで、〝グループにのれない〟現象が生じる。

グループのなかでは、言おうとすることを自分の心のなかで反復し推敲していると、いつのまにか別の話題になってしまうなど、自分が発言するチャンスを失ってしまうことになりかねない。

ジェンドリン（Gendlin & Beebe, 1968）は、グループのセッションのための基本原則のなかで、「グループリーダーはふたつのことについてのみ責任がある。すべてのメンバーの所属性を保護し、もし耳を傾けてもらえないメンバーがいれば、そのひとが話を聞いてもらえるように保護することである」と述べている。

②　グループの攻撃からメンバーを守る

バラバラだったメンバーが、凝集性を高め、ひとつの集団を形成する時期にみられる現象として、メンバーへの攻撃がみられる。その最も典型的な現象が「スケープゴート現象」であろうと思われる。なお、この点は、後の第４章第２項で「ファシリテーターのスケープゴート現象」として取り上げる。

村山・野島（一九七七）がエンカウンターグループ・プロセスの発展段階で指摘したように、グループはそのプロセスにおいて、否定的感情の表明の段階を経験する。この段階において、誰かひとりに対する否定的感情の表明が他のメンバーに連鎖現象（チェーン現象）を引き起こしやすい。通常、この対象になるメンバーは、それ以前のグループ発展段階の「当惑・模索の段階」「グループの目的・同一性の模索の段階」で目立っているメンバーであることが多い。発言の多いメンバーと沈黙しているメンバー、権威的なメンバー、異質で個性的なメンバーに対して、しかも弱いメンバーに対して攻撃の矛先が向かいやすい。目立つ強いメンバーに対しては、むしろグループプロセスの後期に移行する段階でみられるように思う。

このようにグループが凝集性を高める段階において、最も危険なグループの動きは、グループのなかの特定のメンバーを攻撃することによってグループ全体がまとまり、われわれ感情（We-feeling）をもとうとすることである。しかもこのようなグループの動きにファシリテーターがひとりなどの場合には、加担しやすい危険性をもっている。それほどに、グループの力は強力である。

ひとたび、ひとりのメンバーを生贄にすることによってグループの一体感ができあがってしまうと、次に個性的な目立つ動きをするメンバーが出てきたときに、同じようにそのメンバーをグループがスケープゴートにしようとする動きが生じる。

とくに日本でのグループ体験では、メンバー個人とグループ全体が対立して、そのメンバーがグループを去ることは少ない。アメリカのグループ体験では、メンバーがグループから離脱（drop out or termination）することは珍しくない。

日本のグループ体験では、〝グループから去る〟というかたちになるよりはグループの他の影響力をもつメンバーに同調するかたちになりやすい。いわゆるグループ全体に合わせやすい。個性的な動きをすることによって、グループ全体から攻撃されはしないか（スケープゴートにあいはしないか）という不安をメンバーに生じさせやすい。他のメンバーと違ったことをしても許されるのだという雰囲気よりも、他のメンバーと同じことをしなければという雰囲気をグループに生じさせてしまう。

したがって、ファシリテーターの行為としては、以下のように「個」を大切にする発言を強調することによって、メンバーを保護しなければならない。

「私は、黙っていることも、この場への参加のひとつの方法だと思うんです。彼（彼女）なりのやり方で参加しているとと思うのだけど」

「みんな無理にAさんに話させようとしているんじゃないかな？　私にはAさんはつらそうにみえるのだけど」

ファシリテーターの行動（働きかけ）のなかには、「個」を尊重した行動がぜひとも必要となる。グループを運営していく場合に、グループ全体がまとまることは、逆説的になるが、それは個を失っていく過程であるともいえる。ファシリテーターの役割はグループ全体に熱狂的な一体感を引き起こすことではなく、〝個を失う〟プロセスを阻止することである。メンバー個人が、それぞれのもつ「違い」を受け入れることができるように、グループ全体を促進することである。

それが村山・野島（一九七七）が指摘するグループプロセス発展の「段階Ⅳ：相互信頼の発展」へと通じるのだと思う。

4　ファシリテーターに強調される行動

これから述べるファシリテーターの行動は、エンカウンターグループだけにみられる行動というよりも、エンカウンターグループにおいて、より強調された行動といったほうが適切であろう。すなわち、独自の「人間観」「グループ観」に基づいて、人間と人間のあり方、人間への関わり方に、エンカウンターグループ（パーソンセンタード・アプローチ）の立場から、ひとつの新しい可能性を示したものといえる。

ファシリテーターの基本的態度のところでふれたように、都留（一九七二、一九七七）は「待つ―信じる、支える、励ます」「メンバーが自分でできることを、余計な手出しをして、じゃまをしないこと」を、また山口・穂積（一九七六）は「メンバーに信頼の気持ちがもてること」を強調している。さらに畠瀬（一九七七）は「グループの潜在力を発揮さすためグループを信頼する」、安部（一九七九）は「訓練ではない、わかりあいである」として、自らのグループ観を述べている。

では、これらの人間観およびグループ観に基づいたファシリテーターの行動として、どのような特徴が指摘されるのだろうか。以下に、それらを、⑴リーダーシップの分散、⑵ファシリテーターの自己表明、⑶グループプロセスの形成、として述べたい。

⑴　リーダーシップの分散

エンカウンターグループのファシリテーターは、通常のリーダーがもっているリーダーシップを、そのグループプロセスを通じてメンバーにできるだけ委譲しようと試みる。そのことは、グループのなかで、ファシリテーターは「メンバーになる」とか「メンバーとして参加する」といった言葉で表現される。

しかし、このことは、誤解されやすいのだが、リーダーシップの放棄を意味するものではない。レヴィンら（Lewin et al. 1939）の専制、民主、自由放任型の三種のリーダーシップの実験でも明らかなように、自由放任型のリーダーにおいて混乱が最も大きい。リーダーがグループに対して、自らの責任を明確に示しえない場合は、グループがグループとしての機能をもちえなくなる。あるグループ体験ではファシリテーターが自らの責任を明確にしないため、メンバーがひとり去り、ふたり去りして、結局、グループそのものが分解したという話をきいたことがある。繰り返しになるが、リーダーシップの分散は、決してリーダーシップの放棄を意味するものではない。

ロジャーズ（Rogers, 1968）がファーソン（Farson）とともにファシリテーターを行った記録映画『出会いへの道』(*Journey Into Self*) がある。あの映画のなかで、ロジャーズとファーソンは何もリーダーシップをとらなかったか。そんなことはない。はっきりとロジャーズとファーソンのリーダーシップを具体的に映画のなかにみることができる。

リーダーシップの分散とは、リーダー（ファシリテーター）だけにリーダーシップを集中しないということである。リーダーに集中することを防ぐことにより、リーダーが権威化することを避けることができる。そのことが、個人療法や集団療法と違って、エンカウンターグループでは可能である。小田（一九七九）は、Ｆスケールを用いてエンカウンターグループにおいて権威に対する態度が変化することを示している。

具体的には、グループのなかでファシリテーターだけが、メンバーを理解し、援助する行為を独占しようとはしないということである。この理解し、援助する行動をメンバーそれぞれが分けもつように、ファシリテーターはグループに関わっていく。前述した「メンバーになる」という行動はこのことを指している。言い換えるならば、ファシリテーターも含めて、メンバー全員がリーダーになるわけである。ファシリテーターは、メンバーが他のメンバーを理解し援助しようとする行為を引き出すように努める。

このことにより、メンバーはグループのなかで、単に理解され援助されるという受身から、自分自身を理解するために、他のメンバーからの援助を積極的に受けようとする自発性をもつことができる。しかも、それだけではなく、さらに他のメンバーが、より自分自身を理解しようとするのを援助することができる。いわゆる、相互援助の経験である。

このようなグループ体験のなかでのメンバー経験を安部（一九八一）は、①自発性の経験、②自分を知ってもらう体験、③友達（メンバー）にふれる体験、④深く自分をみつめる体験、として述べている。

このような自分を理解するための相互援助過程を促進することが、ファシリテーターのリーダーシップを分散する試みによって可能となるわけである。

(2)　ファシリテーターの自己表明

ファシリテーターが「メンバーになる」ことを端的に示す行動として、自己表明ということが挙げられる。自己表明とは、ファシリテーターが自らのことを語ることであるが、自己開示（self-disclosure）、オープンネス（openness）、透明性（transparency）などの言葉でも示される。

通常の個人療法や集団療法では、セラピストはセラピストと呼ばれる役割のなかに自らを隠すことによって、その機能を遂行しようとする。したがって、セラピーでは人間的な部分をいかに、その役割のなかに隠しうるかがキーポイントとなる。

しかし、エンカウンターグループでは、ファシリテーターの人間性をより大切にする。ロジャーズ（Rogers, 1970）はグループ体験でのファシリテーターのあり方について、次のように述べている。

　これ（人間中心のグループ・リーダーシップという哲学）は、ファシリテーターがグループのなかにどのような種類の熟練者としてでもなく、ひとりの人間として参加するとき、メンバーとファシリテーター双方に、最大限の成長があることを強調する見解である。

また、日本のグループにおいても、ファシリテーターとしての在り方のなかでふれたように、山口・穂積（一九七六）は「傾聴しすぎて、気持ちの表明がおろそかにならないこと、逆に気持ちの表明がメンバーへの押し付けにならないこと」を指摘しているし、畠瀬（一九七七）は「グループの自己表明と自由感を促進するための治療者の自己表明」を挙げている。

さらに、事例の検討を通して、安部（一九七八、一九七九）、安部・村山（一九七八a、一九七八b）は、「ファシリテーターの率直な感情表現の有効性」について論じているし、また野島（一九七九）は「第三者的な話し方をするよりは、自分の感情や気持ちをストレートに表現する方がよい」と、さらに岩村（一九八〇）は、ファシリテーターの自己表明が「メンバーの自己表明のムードを促進する」など、自己表明がもつメリット・デメリットを論じている。

では、これらのファシリテーターの「自己表明」は、メンバー（グループ）にどのような影響を与えるのだろうか。

ファシリテーターの自己表明には、次のような三つが考えられる。

① ファシリテーターの自分の個人情報を伝える。
② ファシリテーターのグループ体験での自分の気持ちを伝える。
③ ファシリテーターのグループ体験での自分の意向（見方）を伝える。

これらは、①知り合う、②ふれあう、③ぶつかる、とも言い換えることができるかもしれない。これら三種類の自己表明においては、ファシリテーターの伝える内容とともに、伝える機能そのものが重視される。すなわち、グループ内の相互作用のベクトルに参加することができる。しかも、伝える内容としては、自分の個人情報、自分の気持ち、自分の意向（見方）といったメンバーと同様の次元においてである。

ファシリテーターはメンバーの情報、メンバーの気持ち、メンバーの意向（見方）に耳を傾けるだけでなく、自分の情報、自分の気持ち、自分の意向（見方）をメンバーに伝えることができる。

すなわち、自分の体験を媒介として、グループのなかに相互作用を起こそうとしているところに、エンカウンターグループのファシリテーターの特徴がある。

(3)　グループプロセスの形成（プロセスの集中性）

小谷（一九七九）は集団精神療法における機能的実態を、①メンバー個人、②セラピスト、③グループ全体（Group-as-a-whole）の三つの機能体として整理し、さらにグループプロセスの局面を、①メンバー対メンバー、②メンバー対セラピスト、③メンバー対グループ全体、④セラピスト対グループ全体、に整理している。

エンカウンターグループのグループプロセスにおいても、ファシリテーター対グループ全体という局面として捉えることができ、ファシリテーターのグループ全体に対する働きかけとして、〝グループプロセスの形成〟が考えられる。

野島（一九七九）はそのことを、ファシリテーターの基本的在り方のなかで、「二つの視点」として指摘している。すなわち、「個人の状態を把握しようとする視点」と「グループの状況を把握しようとする視点」である。また、野島はグループ全体に対する働きかけとして、①場面構成、②安全な雰囲気づくり、③いわゆる〝おはなし〟への介入、④知的ディスカッションへの介入、⑤グループが停滞しているときの介入、⑥グループの流れの早すぎに介入、⑦状況の整理、⑧交通整理、の八つをあげている。

このなかで、⑤と⑥のグループの流れの停滞と早すぎに対するファシリテーターの介入が、エンカウンターグループの特徴といえる。

すなわち、エンカウンターグループは一種の時間制限療法であるともいえる。集団療法のように一週一回のペースで、各人のもっている問題が解決するまで続くわけではなく、二泊三日あるいは三泊四日といった設定されたプログラムの限られた期間、すなわち時間が来れば終了となる。

限られた時間のなかで、どのようにグループ体験を促進し成果を見出すか、そのことが「停滞と早すぎに対する介入」というファシリテーターの行動として表現されている。

エンカウンターグループはそれまでのセラピーグループに比較して、個人に対して急激に変化を引き起こす集中性に特徴があるといわれ、そのことに従来の集団療法家は注目もしているという（小谷　一九七九）。すなわち、エンカウンターグループにおいて、プログラムはこの集中性を発揮するように組まれている。通常の集団療法が一セッション一時間半〜二時間であるのに対して、一回のセッション時間が三時間であることが多く、この三時間のセッションを一日三回ほど確保する。また多くの場合に合宿方式であり、寝食をともにする。

このように、プログラムにおいて集中性が発揮されるよう組まれているため、グループはいったん弾みがつくと、恐ろしいほどのスピードで、しかも自律性をもって進み始める。ちょうど、ジェットコースターが最初の急坂を上り終えた途端に、そのエネルギーでもって坂を降り、左右に、あるいは上下に激しく揺れながら、一気に終点を目指して突き進む。そんな感じに近い。

この流れ（グループプロセス）は、グループ経験を積めば積むほど見えてくる。しかしながら、グループに初めて参加するメンバーは、この流れに巻き込まれるか、あるいは乗れないままに、何が何だかわからないうちに、グループ体験を終えてしまうことになりやすい。「自分のグループ体験は、一体、何だったんだろう」と起伏の激しさとスピード感に圧倒されて、そんな思いをもつことにもなる。

したがって、当然ながら、ファシリテーターはこのような〝急激な流れ〟に対する働きかけが必要になる。ファシリテーターはグループプロセスを形成するとともに、その形成されたグループプロセスがメンバーを困惑させることのないように介入する。メンバーが自分のグループ体験に意味が見出せるだけの心理的距離をもつことができるように配慮を行うことになる。

たとえば、グループ体験での話題として軽い話題から入っていけるように配慮を行う。いきなり、重い話題からでは、グループのメンバーには、どのように受け止めてよいか準備ができていないことが多いからである。日常の雑談でもかまわないのである。グループのメンバーは日常の雑談に飽きるときが来るし、日常の雑談が面白くなければ、違う話をしましょうというメンバーが現れるのがエンカウンターグループである。メンバーが自分たちで自分たちのグループ体験にふさわしい話題を選びグループプロセスを展開していく。そのことにファシリテーターもついていき、メンバーのひとりとして参加して自分の感想や意見も表明していくことになる。

グループプロセスの形成というと、言葉の響きとして、ファシリテーターがひとりでつくるような印象を与えるかもしれないが、そんなことはありえない。あくまでもファシリテーターもメンバーのひとりとしてというスタンスに変わりはないのである。

文献

安部恒久　一九七八　ファシリテーター体験と「自己否定」現象　九州大学教育学部心理教育相談室紀要　四巻　七一-七九頁
安部恒久　一九七九　私のグループ体験（Ⅱ）　九州大学教育学部心理教育相談室紀要　五巻　八〇-八七頁
安部恒久　一九八一　教育へのグループ・アプローチの展開　中村学園研究紀要　一四巻　一-一一頁
安部恒久・村山正治　一九七八ａ　集中的グループ経験におけるグループプロセスに対するファシリテーターの働

きかけに関する考察　九州大学教育学部紀要（教育心理学部門）二三巻一号　六九－七六頁

安部恒久・村山正治　一九七八b　集中的グループ経験におけるファシリテーター体験の明確化に関する考察　九州大学教育学部紀要（教育心理学部門）二三巻二号　三五－四〇頁

Gendlin, E.T., & Beebe, J. 1968. Experiential groups: Instructions for groups. In Gazda, G.M. (Ed.), *Innovation to Group Psychotherapy*. Charls C. Thomas, 190-206.　小野　修訳　一九七三　体験グループ――グループのためのインストラクション　人間関係研究会資料　五号

畠瀬　稔　一九七七　グループ促進の方法　佐治守夫・水島恵一編　心理療法の基礎知識　有斐閣　一三九－一四〇頁

岩村　聡　一九八〇　グループファシリテーターの自己表明について　広島大学保健管理センター編　Phoenix-Health　一六巻　九九－一〇八頁

小谷英文　一九七九　集団精神療法――アメリカにおける近況と新しい潮流　九州大学教育学部心理教育相談室紀要　五巻　九八－一〇八頁

小谷英文　一九八〇　セラピィグループとエンカウンターグループ　ひとつの対照　第一回グループ臨床カンファレンス資料

Lewin, K. et al. 1939. Patterns of aggressive behavior in experimentally created “social climate”. *Journal of Social Psychology*, 10, 271-299.

村山正治・野島一彦　一九七七　エンカウンターグループプロセスの発展段階　九州大学教育学部紀要（教育心理学部門）二一巻二号　七七－八四頁

野島一彦　一九七九　私のグループ体験（Ⅰ）　九州大学教育学部心理教育相談室紀要　五巻　七〇－七九頁

小田信太郎　一九七九　エンカウンターグループによる権威に対する態度の変化について――Fスケールによる　九州大学教育学部卒業論文

Rogers, C. R. 1957. The necessary and sufficient conditions of therapeutic personality change. *Journal of Consulting Psychology*, 21, 95-103.

Rogers, C. R. 1968. *Journey Into Self*. 日本・精神技術研究所　一九七七　出会いへの道――あるエンカウン

ターグループの記録（映画）
Rogers, C. R. 1970. *Carl Rogers on Encounter Groups*. Harper & Row.　畠瀬　稔・畠瀬直子訳　一九八二　エンカウンターグループ　創元社
都留春夫　一九七二　私のグループ体験　日本カウンセリング協会
都留春夫　一九七七　私のファシリテーター体験Ⅰ　村山正治編　エンカウンターグループ　福村出版　一四五－一五七頁
山口勝弘・穂積　登　一九七六　大学生の集中的グループ体験学習のあり方について――学生グループの特徴とスタッフのあり方　日本心理学会第四〇回大会発表論文集　一〇七九－一〇八〇頁
Yalom, I. D. 1975. *The Theory and Practice of Group Psychotherapy*. New York: Basic Books.（Korchin, S. J. 1976. *Modern Clinical Psychology*.　村瀬孝雄監訳　一九八〇　現代臨床心理学　弘文堂　五二五－五二六頁から引用）

〔追記：本論文は、私がファシリテーター体験を始めた大学院生から社会人になりたてのおよそ二〇代から三〇代前半の頃のものである。確か、まだ結婚もしていなかったのではないかと思う。ファシリテーター体験に四苦八苦しながら、村山正治先生や野島一彦先生といっしょに「グループを体験するだけでなく消化する試み」も大切だということで、「グループ臨床カンファレンス」を志賀島（福岡市）の国民宿舎で開催したりした。また、この当時、アメリカで集団精神療法を学んで帰国された小谷英文先生に、おおいに刺激を受けながら、何とか自分なりのファシリテーター像を明確にしようともしていた。そんな試みのなかで、私に見えてきたのが、ここに述べた「リーダーシップの分散・自己表明・グループプロセスの形成」を特徴とするファシリテーター像であった。なお、現在の私のファシリテーター像は、これら三つを含み込みながら、本書の第10章「ファシリテーターのための8原則」に述べるかたちに結実している。最近は、専門職としての臨床心理士を養成する立場で、グループ体験に関わることが多くなったためか、私のファシリテーター像もこの論文の頃よりも幅広いものとなっていると感じている。〕

第4章 ファシリテーターの問題点

1 ファシリテーターに「なる」ことの難しさ

エンカウンターグループのファシリテーターの特徴を、第3章において、⑴リーダーシップの分散、⑵自己の表明、⑶グループプロセスの形成、の三点として指摘した。これらの三点が十分に機能し働いているときには、グループもメンバーも、グループ体験のなかで自己が成長し発展する感覚を味わうことができるであろう。しかしながら、これらのリーダーの在り方は通常とは異なり、エンカウンターグループ（パーソンセンタードアプローチ）に独自のものであるだけに、実際にファシリテーターがこの三つを十分に遂行することはリーダーの機能の観点から難しさを伴う。

以下では、これらの三点を中心に、ファシリテーターがリーダーとして行動する場合の問題点について、ファシリテーターに「なる」ことの難しさとして論じたい。

(1) リーダーシップの分散――「任せっきり」・「任せられない」

すでに、上述したように、エンカウンターグループではリーダーであるファシリテーターだけがリーダーシップを発揮するのではなく、メンバーにリーダーシップを分散しメンバーとリーダーシップを共有しようと試みる。

しかし、このようなエンカウンターグループに独自のリーダーシップスタイルは、通常のリーダーだけがリーダーシップを発揮するスタイルになじんでいる場合には、受け入れることが難しい。ファシリテーターはメンバーに任せっきりになるか、逆に任せられなくて口を挟むかのどちらかの場合となることが多い。

① メンバーに任せっきりとなる場合

ファシリテーターが、メンバーにリーダーシップを分散し共有しようと試みるものの、グループはグループとしての凝集性や規範を保つことができずに、サブ・グループ化したり、分裂するなどグループとしての機能を失ってしまう場合である。学級崩壊や家族が崩壊するときと似ている。既に第1章で指摘したように、リーダーシップの分散は、リーダーシップの放任（放棄）とは異なる。あくまでもファシリテーターもメンバーのひとりとしてグループの運営に関わるのである。とくにグループ体験の開始時には、メンバーの不安が高くなるために、ファシリテーターのリーダーとしての役割、すなわちメンバーおよびグループへの働きかけは、むしろ重要となる（野島 二〇〇〇）。

② メンバーに任せられない場合

ファシリテーターが、メンバーに任せているようで、任せきれない場合である。ファシリテーターはメンバーに任せてしまうとグループを掌握できていない不安が強くなってしまう。そのために、メンバーがグループの運営について提案などをすると、つい口を挟んでしまう。自分ではメンバーに任せているつもりでも、メンバーの自発的な動きを知らず知らずのうちに妨げてしまっている場合である。この場合、ファシリテーターの言動不一致に対して異議を唱えるメンバーが出現し、不一致を修正せざるをえなくなるのがグループ体験の特徴でもある。

(2) 自己の表明――「自分を出しすぎる」・「自分を出せない」

エンカウンターグループのファシリテーターは自分もメンバーのひとりとして、自己を開示しながらグループプロセスに関わっていく。それだけに、個としての自分と集団との「間（ま）」の取り方（距離感）が難しい。この場合の問題点として、自分を出しすぎてしまうか、出せないかのどちらかになりがちである。

① 自分を出しすぎる場合

ファシリテーターがメンバーに自分を知ってもらい、そのことでグループの凝集性を高めようという気持ちが強い場合には、軽い話題からではなく重い話題から入ってしまい、メンバーにとっては、そんなことを話されても困るという気分が強く、すれ違いに終わることになってしまう。まずは、メンバーとのやりとりのために、共通の話題となるようなものを見つけることから始め、徐々に個人的な話題へと展開していくほうが無難である（安部 二〇〇二）。

それでなくても、エンカウンターグループに対してメンバーは、何か自分の深刻なことを話さないといけない場であるという強い思いをもって参加していたりすることがある。自分を出すことがエンカウンターグループの目的ではない。自分をより理解しようとするときに、自分を出すことが有効なときもあるぐらいに、柔軟に捉えておいたほうがよい。

②　自分を出せない場合

グループプロセスのなかで、ファシリテーターとして「動けているという感じ」がもてない場合である。自分を出そうにも、出せるだけの安心感や安全感がグループのなかに形成されておらず、グループの一員になれたという実感がもてない。結果としてファシリテーターはメンバーと関わるタイミングを逸してしまうことになりやすい。このような場合、ファシリテーターは「グループ全体」を相手にするよりも「メンバー個人」を相手にするほうがよいようである。ファシリテーターが親しめるメンバーがひとりぐらいはいるものであり、まずはそのメンバーに向かって自分を開いていく。合宿形式の場合には、セッションのなかだけでなく、セッション外の食事や散歩の時間など、よりリラックスした場面から入っていくとよいようである。

(3)　グループプロセスの形成――「巻き込まれる」・「巻き込まれた感じがわからない」

エンカウンターグループのファシリテーターにとって、厄介な問題のひとつとして「グループプロセスに巻き込まれる」ということが挙げられる。とくに、エンカウンターグループの場合には、集中的グループ体験（intensive group experience）とも呼ばれるように、集中的に二泊三日あるいは三泊四日といった合宿形式で実施されることが多い。そのために、グループプロセスはメンバーだけでなくファシリテーターにも強力に影響を与え、そのグループプロセスに巻き込まれてしまうと、なかなか抜け出ることが難しい。しかも、グループプロセスそのものは、高橋（二〇〇二）が指摘するように、外傷体験を生む特質をもっている。

①　巻き込まれた場合

ファシリテーターがグループプロセスに巻き込まれてしまった場合、この状態を図示すると図４のように表されるであろう。図４の左の状態である。ＦＡはファシリテーター、ＭＥはメンバーの略である。ファシ

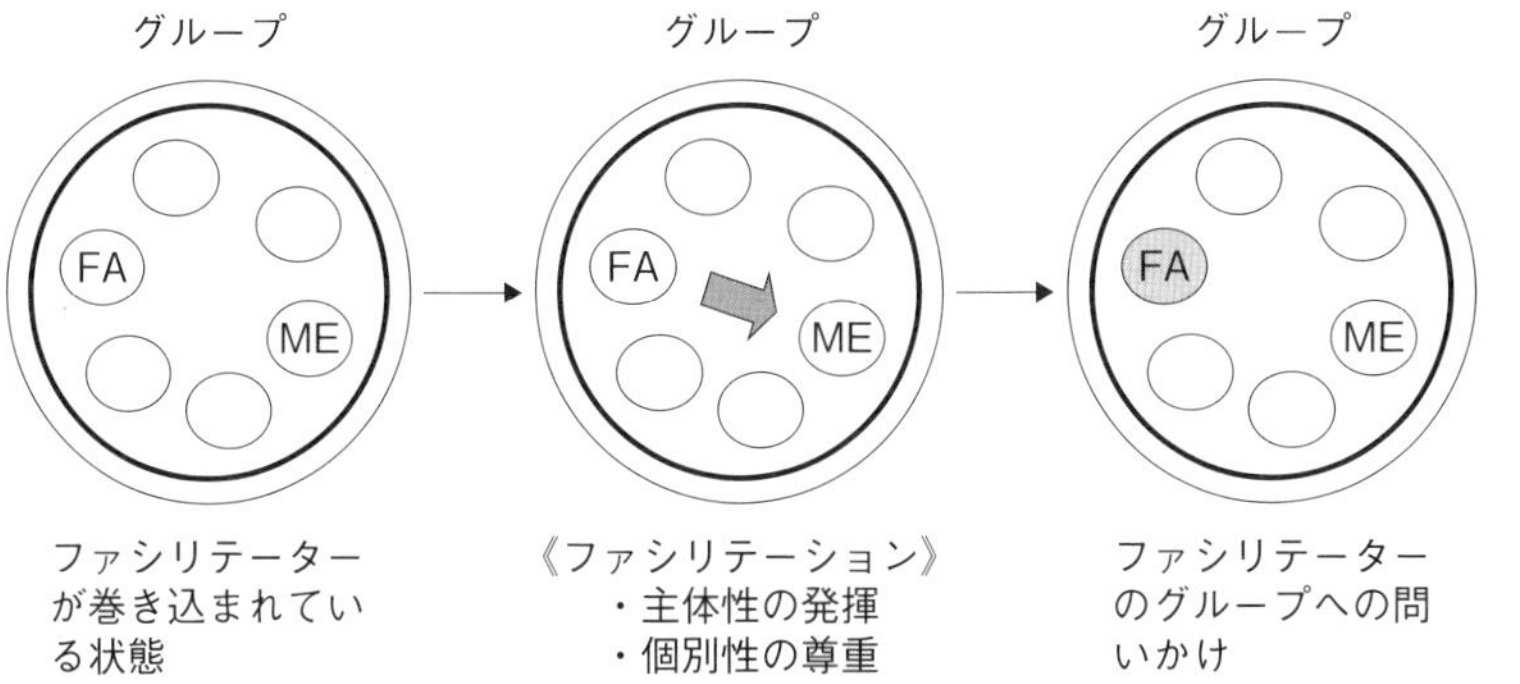

図4　ファシリテーター共存のための働きかけ（安部，2006を一部改変）

リテーターとして「動けている感じ」，「個としての感じ」が希薄になり，ファシリテーターとしての主体性が発揮できないし，個別性が尊重されない。ファシリテーターは，まさに「巻き込まれている感じ」が強くなり，抜け出ようとするのだが，勢いがあまりに強いために抜け出ることができないままに流されていく。そんな独特の感じにファシリテーターは襲われる。

たとえば既知集団を対象にエンカウンターグループを実施した場合に，このことは顕著である。日常の人間関係を通してできあがっている仲間意識（これを私は「みんな意識」と呼んでいる）がグループ体験のなかに持ち込まれ，特有のグループプロセスを生み出しやすい。ファシリテーターは，その場で何が起きているのかを察知することができないままに，グループプロセスが進行していくことにもなりかねない。

したがって，ファシリテーターは，図4の右側の図に示すように，「自分はグループで主体性を発揮できていない，個別性が尊重されていない」という実感を手がかりに，グループに対して問いかける働きかけが求められることになる。

②　巻き込まれている感じがわからない場合

グループプロセスに巻き込まれている実感があれば，ファシリテーターとしての何らかの行動を生み出すが，問題となるのは，巻き込まれているという実感がファシリテーターにないままにグループプロセスが進行しているときである。したがってグループ体験が終わった後で，ふりかえりの事例検討のためのカンファレンスなどを通して，結果として巻き込まれていたことに気づくことが多い。

たとえば，次の第2項で述べるスケープゴート現象の場合である。このことについては，ファシリテーターは攻撃にあっているメンバーを保護すべきだということは十分にわかっているつもりであるが，セッションのなかでは気づかずに見過ごしてしまうことになる。終了後のメンバーへのフォローアップインタビューなどで，メンバーからファシリテーターは何もしてくれなかったといったフィードバックを受けて，実際のセッションの場面を検討してみて気づくことになりやすい。

2　ファシリテーターのスケープゴート現象――グループ構造の観点から

第3章で，エンカウンターグループのファシリテーターの特徴として，(1)リーダーシップの分散，(2)自己の表明，(3)グループプロセスの形成，の三点を指摘した。また，第4章第1項において，ファシリテーターの三つの特徴がもつ問題点を，ファシリテーターに「なる」ことの難しさとして，(1)リーダーシップの分散――「任せっぱなし」・「任せられない」，(2)自己の表明――「自分を出しすぎる」・「自分を出せない」，(3)グループプロセスの形成――「巻き込まれる」・「巻き込まれた感じがわからない」を明らかにした。

しかしながら，エンカウンターグループのファシリテーターを論じる場合に，さらに考えておかなければならない問題がある。それは，ファシリテーターのスケープゴート現象である。エンカウンターグループのファシリテーターの場合には、グループ構造の観点から、スケープゴート現象が起こりやすい要素が内包されており、ファシリテーターに「なる」ことを難しくしているからである。

ここでは、グループ構造の観点から、ファシリテーターの三つの特徴とスケープゴート現象がどのように関連しているのかを考察してみる。

(1) リーダーシップの分散とスケープゴート現象

エンカウンターグループにおいてファシリテーターは、リーダーシップの分散に伴い、リーダーとしての権威（権力）をメンバーに分散し、ファシリテーターとしては、むしろ失うようにグループのなかで行動をする。すなわち、ファシリテーターは権威（権力）を独り占めするのではなく「メンバーのひとりになる」ことによって、権威（権力）をメンバーに与えてメンバーを強くし、自分は弱くなる構造をエンカウンターグループは志向する。

また、ファシリテーターはグループのなかに、一人あるいは二人であり、グループのなかでは少数派である。通常、組織のリーダーは、少数派であっても権威（権力）をもっていることによって、リーダーはスケープゴートの対象にはなりにくい構造となっている。通常の組織は、地位が上がり少数になればなるほど、地位に付与された権威（権力）が強大となり、リーダーは地位に付与された権威（権力）を最大限に行使することによって組織を統括する。

ところが、上述したように、エンカウンターグループのファシリテーターは、権威（権力）を強力にするどころか、メンバーに分散しようと試みる。したがって、ファシリテーターとは権威（権力）の側面からみると、名ばかりのリーダーであり、ファシリテーターが勝負できるのは、ファシリテーターの人間性だけだ、ということになる。ファシリテーターは「自己」をグループに開示し、グループ体験をメンバーと共有することによって、グループを促進しようとするひとであるということを指摘してきた。

しかしながら、このファシリテーターの自己の人間性を開示しようとすること、いわゆる「自己開示」にこそ、スケープゴート現象を生み出しやすい要因が含まれている。そのことを次に考えてみよう。

(2)　自己表明とスケープゴート現象

エンカウンターグループにおけるファシリテーターの特徴として、自己を語る「自己開示」が挙げられ、私自身はこのことを「ファシリテーターの自己表明」と呼んだ（安部 一九八二）。ファシリテーターはグループのなかで体験している自己の感じたことや考えたことをメンバーに開示し、そのことを通してグループを促進しようと試みる。そのことがエンカウンターグループのファシリテーターの特徴であることをすでに指摘した。

たとえば、グループのなかで「ファシリテーター、この状況を何とかしてくれ」とメンバーからの要求があり、強く依存されるような場面を例に考えてみよう。

この場合、「どうか、みなさんで考えてください」とメンバーの要求（依存）を断って、メンバーを突き放す方法もファシリテーターの態度として在り得るかもしれない。しかしながら、エンカウンターグループのファシリテーターの場合には、多くの場合、そういう態度はとらない。ファシリテーター自身は、「私も何とかしたいのですが、どうにもならない。私も含めて、みんなで考えようではありませんか」と自己の態度を表明する。

ファシリテーターがどうしたらよいかを知っていて教えないということはありえないし、知っているふりをすることもない。また、ファシリテーターを外して皆さん方だけで考えてください、といった態度もとらない。ファシリテーターは、「私も考えるから、皆さんも考えてください」という態度を表明するのが、エンカウンターグループのファシリテーターのファシリテーションスタイルである。少なくとも、私の場合は、そのような態度をとる。

ただ、このような「何とかしたいけど、どうにもならない」といったことを自己表明するファシリテーションスタイルは、メンバーからみると、ファシリテーターは自分たちを導く提案をしてくれない「頼りない」あるいは「弱い」リーダーであるという印象を与えかねない。また、ファシリテーターは自分たち以上の何か強い優れた存在であるというメンバーの思い入れ（期待や幻想）を壊してしまうことになるだろう。

エンカウンターグループのファシリテーターの基本的哲学として、ファシリテーターとしては「メンバーのひとりになろう」とするのであるが、それは、あくまでもファシリテーターの側の都合である。メンバーにとっては、グループのなかで、ファシリテーターと接することによって、ファシリテーターの独自の在り方を初めて体験することになる。これまで日常で接してきたリーダーと呼ばれる人とは、グループのなかでの在り方に、ずいぶん違和感を覚えるに違いない。メンバーは、グループ体験のなかで、ファシリテーターは決して強い頼りになる存在ではないし、ファシリテーターがすべての方向を指し示してくれるわけではなく、自分で自分の方向を探さざるを得ないのだということを知ることになる。

しかしながら、メンバー（グループ）によっては、そのようなファシリテーターを受け入れることができずに、「弱い」「頼りない」ファシリテーターに対して、不平や不満が吐き出されることになる。したがって、ファシリテーターはグループプロセスのなかで、グループの攻撃の対象となりやすく、ファシリテーターの在り方がメンバーに問われることになる。

では、次に以上のようなファシリテーターの在り方は、グループプロセスにどのような影響を与えるのか、グループプロセスの形成とスケープゴートについて考えてみよう。

(3)　グループプロセスの形成とスケープゴート現象

ファシリテーターは、上に述べたように、グループのなかでリーダーとしての権威（権力）を独占することなく、メンバーに分散しようと試みる。また、自己のグループのなかでの体験をメンバーに開示し、グループのメンバーのひとりになることによってグループを促進しようとする。

この場合に、ファシリテーターは二種類のスケープゴート現象に遭遇することになる。

第一は、本章の第1項のファシリテーターの「巻き込まれ」現象において指摘したように、ファシリテーターのグループプロセスにおける巻き込まれ現象（図4）である。

ファシリテーターがグループのなかで、（メンバーになろうとするあまりに）ファシリテーターとして動くことができなくなってしまう場合である。グループに巻き込まれている状態であり、飲み込まれている状態でもある。

したがって、ファシリテーターには、グループプロセスの発展において、「ファシリテーターはメンバーのひとりであって、しかもファシリテーターでもある」という態度で、グループ全体への問いかけが求められる（安部 二〇〇六）。

ファシリテーターがそのような態度を保持できない場合には、ファシリテーターはグループプロセスに「メンバーとして」巻き込まれてしまい、グループプロセスのなかで「ファシリテーターとして」の自己の存在意義を発揮することが困難になる。結局のところ、この場合、ファシリテーターは弱体化あるいは無力化させられ、スケープゴートになってしまいかねない。

なお、ファシリテーターが、この自己のファシリテーターとしての弱体化あるいは無力化を少なくとも自覚できているときには、右往左往する自己の体験をグループに開示して、メンバーとグループプロセスを共有することが何とか可能となる。

しかしながら、ファシリテーターとしての自己が弱体化していること、あるいは無力化していることを、「メンバーのひとりになっている」とファシリテーターが勘違いして理解してしまい、ファシリテーターとしての自己に無感覚になってしまう場合は危険である。

最悪の場合、ファシリテーターが「勘違いしたメンバーだけの態度」をとってしまっていると、たとえば、メンバーがメンバーを攻撃するスケープゴート現象やグループの分裂の危機などのときに、ファシリテーターは攻撃するメンバーや分裂を画策するメンバーの側に加担してしまっていることに気づかないままに、グループプロセスが進行してしまうといったことが起こりかねない。

この場合、先にもふれたように、グループ体験終了後に、スケープゴートにあったメンバーやグループの分裂によって傷ついたメンバーから、ファシリテーターは自分を助けてくれなかったという抗議が出されて、初めてファシリテーターは自分が攻撃するメンバーの側にいたことや無力だったことを自覚させられることになるのである。

第二は、図５の左端の図に示すように、「ファシリテーター外し」である。ファシリテーターはグループから外される。したがって、ファシリテーターは、図５の真ん中の図に示すように、グループに対して自己を開示し、グループとの共通性を通して仲間関係を模索することになる。

逆説的になるが、ファシリテーターが権威（権力）を分散しメンバーのひとりになればなるほど、ファシ

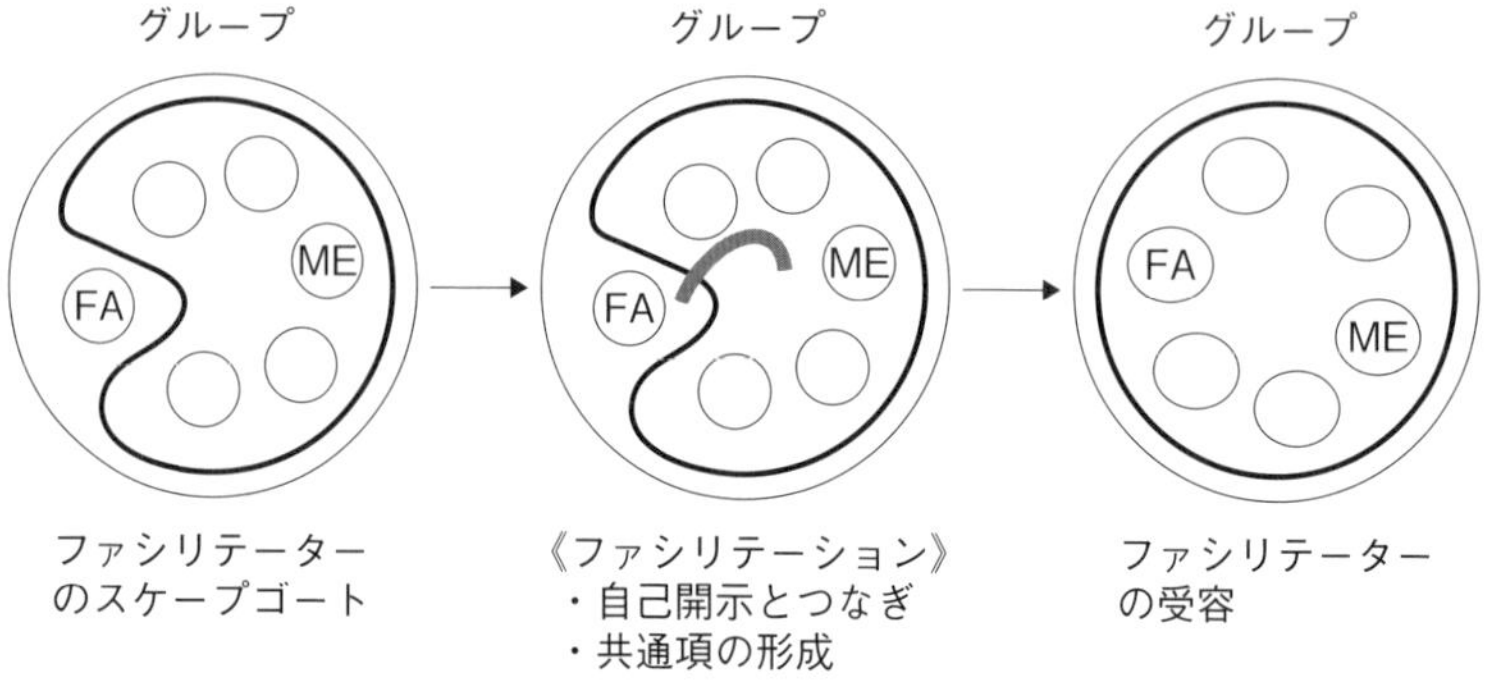

図5　ファシリテーターのスケープゴートから受容へ（安部，2006を一部改変）

リテーターはグループから、ある意味、重要な人物とはみなされずに軽く扱われることも起きてくる。

たとえば、セッションでどのようなことをするかを決める場合など、メンバーだけでセッション外において、暗黙のうちに決定してしまうことなどが起きる。ファシリテーターが、自分も含めて決めてほしい、自分も決定に参加させてほしいといった異議を訴えることによって、何とかグループの決定にファシリテーターも加えてもらうといったグループプロセスが生じる（安部二〇〇二）。

通常の組織などでは、ファシリテーターが無視できない重要な人物であれば、たとえ暗黙のうちに決めるにしても、メンバーは、いわゆる「お伺い」をファシリテーターに立てることによって、決定のプロセスにファシリテーターは影響力を行使することになる。しかしながら、エンカウンターグループでのファシリテーターはそのような影響力を行使しようとはしないために、グループでの決定は多数派であるメンバーによってなされやすい状況を生み出すことになる。

右に述べた「グループプロセスへの巻き込まれ」「ファシリテーター外し」の二種類のスケープゴート現象は、いずれもファシリテーターがグループのなかでファシリテーターとして動くことを難しくするものである。ファシリテーターはこれらに直面したときにどのように対応することが可能なのか。次章で「ファシリテーターとしての成長」として考えてみたい。

文献

安部恒久　一九八二　エンカウンターグループにおけるファシリテーターに関する研究　中村学園研究紀要　一五巻　一-一五頁

安部恒久　二〇〇二　既知集団を対象としたエンカウンターグループのファシリテーション　心理臨床学研究　二〇巻四号　三一三-三二三頁

安部恒久　二〇〇六　エンカウンターグループ――仲間関係のファシリテーション　九州大学出版会

野島一彦　二〇〇〇　エンカウンターグループのファシリテーション　ナカニシヤ出版

高橋哲郎　二〇〇二　訓練グループの視点から　集団精神療法　一八巻一号　二九-三四頁

第5章　ファシリテーターとしての成長

1　ファシリテーターの資格と人間性

エンカウンターグループのファシリテーターについては、現在のところ厳格な資格は設けられていない。ただし、そのことは誰でもファシリテーターができることを意味はしないと私は考える。ファシリテーターに「なる」ことの難しさで指摘したように、グループでのリーダーシップをとることができ、また、自分をある程度コントロールでき、さらに、グループプロセスに巻き込まれても柔軟に対応できるひとがファシリテーターとして求められるであろう。

実際には、同じエンカウンターグループやワークショップに参加して「このひとはグループがやれそうだな」という、いわば実践的感覚に基づいて推薦され、ファシリテーターを行うことが多い。この実践的感覚を具体化すると、上に述べた「グループリーダーシップ」であり、「自己統御の能力」であり、「グループプロセスに対する柔軟な対応」であるということになる。

ただし、これらのことが最初から備わっていないとファシリテーターはできないかというと、そうではないように思われる。ファシリテーターに「なる」ことの難しさとして述べたことに対して、立ち向かうだけの人間の成長に対する強力な関心と自己に対する絶え間ない探究心をもっていることが、エンカウンターグループのファシリテーターには必要な資格要件ではないかと私自身は思う。

2　スーパービジョンの活用

これまで述べてきたようなファシリテーターの問題に対してどのように対処することが可能であろうか。私自身も、これまでに紹介したような問題と悪戦苦闘しながら、グループ実践を重ねており、以下にスーパービジョンと関連させながら私なりの工夫を述べたい。

(1)　ファシリテーター体験の前に――メンバー体験が原点である

エンカウンターグループのファシリテーターにまず求められるのは、グループ体験という場のなかに余計な緊張感や不必要な圧迫感を持ち込まずに、ある程度の初期不安とともに居ることができるということであろう。そのためには、やはり場数を踏むことが最も効果的である。エンカウンターグループの場合には、セラピーグループのようにセラピスト体験から始まることはない。まずはメンバー体験から始まるといってよい。私の場合も、次の第6章で述べるように、ラホイヤプログラム体験はメンバー体験であった。メンバーとして何回かエンカウンターグループに参加してみて、エンカウンターグループと自分との相性といったものが試される。そして、エンカウンターグループが自分にとって面白そうなものだということになると、その後も継続して参加し、その流れのなかで、メンバー体験だけでなくファシリテーター体験も経験するということになるだろう。

したがって、エンカウンターグループのファシリテーターにとっては、メンバー体験があくまでも原点である。メンバーとして良いグループ体験を経験していると、メンバーの立場にたって、メンバーやグループへの働きかけが容易になるものと思われる。

(2) ファシリテーター体験のなかでのスーパービジョン

① とにかく、その場を離れてみる――自己との対話

グループ体験のなかで「巻き込まれた」と感じたときには、できればまずひとりになってみる。そして、しばらく自分だけの時間を過ごす。その後に「この巻き込まれた感じは何なのか」と自分の内面で対話を試みる。すなわち「今、ここで」の自分の感覚にもどって自己とグループとの関わりについて吟味してみる。このことは、ファシリテーターがインサイダーからアウトサイダーへ、ファシリテーターとしての自分のスタンスを切り替えるプロセスとして理解することが可能であろう。

果たして、グループとの関わりのなかで「自分」を感じることができているだろうか。また、メンバーと一緒に居る感覚のなかで「自分」が保持されているだろうか。さらに、グループという感覚だけではなく「自分が」という自己に対する能動感を体験できているだろうか。ファシリテーターは、あえてアウトサイダーになることによって、心理的距離をとって客観的に自己の体験を検討してみるのである。

すなわち、グループ体験のなかで「巻き込まれた」状態というのは、グループ体験のなかで、自己とグループとの適切な心理的距離が、自分のなかでも、とれていない状態になっているということができる。したがって、まずは、自分が自分を感じられるだけの、自己とグループとの心理的距離を見出そうと試みるわ

けである。

② 誰かに話を聞いてもらう――ライブ・スーパービジョン

次に、できれば誰かに話を聞いてもらうとよい。通常は、セッションの後に、レビューのためのミーティングが設定されている。野島（二〇〇一）や本山（二〇〇一）がライブ・スーパービジョンの重要性を指摘するように、これが現在のところ、最も有効な方法であると思われる。「すぐに」「その場で」どうしたらよいかを検討することができるからである。現場での検討によって得るものは大きい。

もし、そのような機会が用意されていない場合には、自分が話しやすいひと（余計なことを言わないひと）に話をきいてもらうのがよいだろう。誰かに話を聞いてもらうことによって、自分の心の負担を軽くすることによって、自分の体験を眺めるだけの余裕をもつことができる。

この「誰かに話を聞いてもらうことによって、自分の心の負担が軽くなり、自分を眺める余裕ができる」プロセスこそが、対人関係の本質であり、グループプロセスの本質でもある。グループ体験だけでなく、スーパービジョンにおいてもこのことは同様である。

（なお、このことは、後に述べる不登校の子どもをもつ母親がグループ体験を通して「余裕」を獲得するプロセスと同様であり、第9章「弧立した母親への支援――不登校児をもつ母親へのグループアプローチ」を参照していただきたい。）

③ グループ体験のなかで表明する

当然のことながら、グループのなかでファシリテーター自身が今、感じていることを自己表明というかたちでメンバーに伝えることによってグループプロセスに関わり、グループを促進することが可能である。

ただし、この場合のファシリテーターの自己表明は、ファシリテーターが「いまの、自分の」気持ちに気づいており、自己との対話を試みるときに、最も有効であろう。したがって、①で指摘したように、メンバーとの交流という意味では、ファシリテーターが、ある程度、自分の内面での対話を行い、あまり整理されすぎない頃に、グループで自己の体験を語ることになるであろう。この「あまり整理されすぎない頃に」というタイミングが難しい。整理されすぎていては味気ないし、混乱したままではメンバーはどのように関わってよいかがわからない。このあたりのタイミングの習得は、実践的感覚を通してということにならざるをえないかもしれない。

④ コ・ファシリテーター方式の活用

自分ひとりだけでファシリテーターをするのではなく、複数で組んでファシリテーターを行ってみる。このコ・ファシリテーター方式については、林（一九九〇）がコ・ファシリテーター関係に焦点を当てて研究しており、また九州大学の野島一彦教授の研究室が様々なかたちのコ・ファシリテーター方式を開発している。

できれば自分と異なるファシリテーション・スタイルのひとと組んでみると学ぶことが多い。ただし、この場合、相性の合った相手でないと、高良（二〇〇二）も指摘するように、グループの存続ができない事態をも引き起こしかねない。しかしながら、ファシリテーターが二人いると安心感が違う。自分がグループプロセスに「巻き込まれ」ても、もう一人のファシリテーターがなんとか、その場を収拾するかたちで動くことができるからである。

ただし、繰り返しになるが、複数でファシリテーターを行うときは、この「収拾してくれるに違いない」という信頼感があってこそ成り立つものであることを忘れてはならないだろう。

(3) ファシリテーター体験を終わった後で

グループ体験がうまく展開し、成功裏に終わることができれば、ファシリテーター体験もそれほど苦にはならない。しかし、すべてのグループ体験がうまくいくとはかぎらない。というのもエンカウンターグループの場合は、メンバー構成に大きく影響されるからである。エンカウンターグループでは、セラピーグループのように、治療計画にそってクライエント（患者）を選択したり、限定したりということを、原則として行わない。

したがって、ファシリテーターとしての研修あるいは養成・訓練のためには、うまくいかなかったときにどうしたらよいかというファシリテーター自身のフォローのことも考えておく必要がある。

現在、実施されているのは、①個人スーパービジョン、②カンファレンスでの事例検討、③キーパーソンの確保であろう。以下、簡単に述べてみよう。

① 個人スーパービジョン

自分がファシリテーターを体験したグループ事例をグループ経験の豊富な特定のひととスーパービジョン契約を結んで行う。ファシリテーターとしての働きかけ方、グループプロセスの理解の仕方、働きかけ方が困難であった特定のメンバーに対する関わり方、グループのなかで現れた特異な現象に対する理解の仕方などについて、他者としてのコメントを聞くことになる。頻度は、エンカウンターグループなどのグロースグループの場合には、セラピーグループとは異なり、毎週実施されるわけではないので、グループアプローチが実施されたそのときどきに受けることが多い。

② カンファレンスでの事例検討

通常、最も実施される機会が多いのは、カンファレンスでのグループ事例の検討であろう。ただ、カンファレンスは集団で実施されるために、自分の検討してもらいたいことが明確でない場合には、様々な指摘を受けて混乱してしまうことにもなりかねない。したがって、どのカンファレンスでもよいということではないようである。事例を発表できる安心感を自分がもつことができるカンファレンスで、しかもグループアプローチについてある程度、理解や経験をもったひとが指導者として参加しているカンファレンスが望ましいかもしれない。

このカンファレンスの在り方について、村山ら（二〇一〇）は、ＰＣＡグループとインシデントプロセス（ＩＮＰ）を組み合わせた新しい事例検討の方式を開発し実践している。これまでの手間をかけた緻密な事例研究モデルではなく、学校現場などで事例を検討する際に有効性を発揮しうる方法であり、ＰＣＡＧＩＰ法と名づけられている。

③　キーパーソンの確保

右に述べたようなかたちで、個人スーパービジョンを受けたり、カンファレンスで事例を検討したりなどの機会があるとよいが、そうでない場合には、何か相談することが生じたときに頼れるキーパーソンだけでも確保しておくとよいだろう。最近では、メールや携帯電話などが発達しているので、緊急時の危機対応を確保しておくだけでも、ファシリテーターとしての安心感や安定感は違ってくる。

文献

林もも子　一九九〇　コ・ファシリテーター関係に影響する諸要因――探索的研究　人間性心理学研究　八号　九〇‐九九頁
本山智敬　二〇〇一　臨床における訓練とは　集団精神療法　一七巻一号　一二‐一五頁

村山正治ら　二〇一〇　ＰＣＡＧＩＰ法の実際（Ⅲ）――ＰＣＡＧＩＰ法の実際例の報告と考察　東亜大学大学院心理臨床研究　九巻　三‐一三頁
野島一彦　二〇〇一　臨床における訓練とは　集団精神療法　一七巻一号　一〇‐一二頁
高良聖　二〇〇二　アクショングループの視点から　集団精神療法　一八巻一号　二五‐二八頁

第Ⅲ部

ファシリテーションの実際

第6章

私が私になるためのプロセス

ラホイヤプログラム体験のグループ事例

1 はじめに

本章では、ラホイヤプログラム（La Jolla Program）における私のメンバー体験を紹介したいと思う。ラホイヤプログラムは、人間研究センター（CSP, Center for studies of the person）によって創始されたパーソンセンタード・エンカウンターグループの立場を代表するプログラムである。

ラホイヤプログラムについては、ロジャーズ（Rogers, 1970）によって概要が紹介されている。アメリカ西海岸のカリフォルニア州サンディエゴ近郊の街であるラホイヤ（La Jolla）において毎年開催されているために、この名称が付されている。二〇一〇年の夏で四四周年を迎える。

私が参加したのは、一九七八年夏に開催された第一二回のラホイヤプログラムであった。当時は一七日間のプログラムが、夏だけで三回にわたって開催され、アメリカをはじめ、ドイツ、オーストリア、イギリス、日本などから参加者があった。

このグループ事例は、今なお、私に強い影響を与えているメンバー体験であり、そのときに参加したメンバーの何人かとは三〇年後の今も交流が続いている。

このグループ体験が私にどんな強い影響を与えたかといえば、このグループ体験の後に私は私のパートナーを見つけ、結婚をして家族をもつことになった。それほどの影響であった。このことを二〇代の若いひとに語ったときに、グループ体験はそれほど実生活に強い影響をもつのですかと驚かれてしまい、私のほうが逆に驚いてしまった。

グループ体験に参加することによって、見方や考え方が変わるというぐらいにしか、そのひとの場合には考えていなかったようで、まさか結婚という人生のことにまで影響を与えるとは思いのほかといった憮然とした表情であった。

ラホイヤプログラムに参加した直後の私の体験については、一部を公表している（安部 一九八二）。私に、およそ三〇年後までをも影響力をもちえているラホイヤプログラムとはどのような特徴をもつのか。どのようなファシリテーターの働きかけやグループプロセスを展開するのか、改めて検討してみたい。

2　ラホイヤプログラム体験

(1)　ラホイヤプログラム体験までの私

ラホイヤプログラムに参加する以前の私は、村山正治先生（九州大学名誉教授）が主催されている福岡人間関係研究会のエンカウンターグループにメンバーとして参加したり、あるいは九州大学の先輩である野島一彦先生（九州大学大学院教授）に誘っていただいて、エンカウンターグループのファシリテーターを何とか務めたりしていた。

何とかというのは、どうもエンカウンターグループ自体がもつ文化が、その当時の私には窮屈に感じられていたからである。このあたりの私のグループ体験については、序章において「私のグループ原体験」として述べた。その当時の私は、言葉を使って相手とやりとりするのが得意ではなく、どちらかといえば、みんなと居るよりはひとりで居るほうが気楽であり、偏屈な面を持ち合わせていた。

したがって、当時の私のグループ体験における課題を、大まかに言えば、みんな（グループ）のなかで、言葉を使って、いかに柔軟にやりとりができるか、ということであった。

(2) ラホイヤプログラム体験での私

私のラホイヤプログラム体験については、参加後に、その当時私にとって最も印象に残っていた「トライ・アゲイン」「シェアー」「責任」「どう感じますか」の四つの言葉をキーワードとして報告した（安部一九八二）。本稿では、先の報告を踏まえながら、現在でも強く印象に残っており、その後の私に強い影響を与えているエピソードを中心に述べたい。

① ラホイヤプログラムへ出発

私は、個人でラホイヤプログラムに申込みをし、ひとりで下宿先である福岡（箱崎）からラホイヤに向けて旅立った。といっても、出発前夜には、航空会社のストにぶつかり、チケットがキャンセルされるトラブルに巻き込まれてしまった。何とかハワイまでのチケットを確保し、乗り継いでアメリカ本土に到着したものの、初めての海外でのワークショップ経験であり、どのようにプログラムに参加するのかも知らない心細い旅であった。

ただ私には、ラホイヤプログラム参加経験者である村山正治氏や野島一彦氏などの話から、とても良いグループ体験ができるらしいという漠然とした期待感だけが、心の支えとなっていた。

②　コミュニティセッション

ラホイヤプログラムは、参加者全員によるコミュニティセッションから始まった。いわゆる自己紹介セッションであった。私自身も何とか英語での自己紹介を終えた。よくぞ自己紹介できたと思うが、その場の雰囲気に堅苦しさはなかった。家庭のリビングルームのような雰囲気で、参加者はソファやカーペットに思い思いに座り、参加動機などを語った。

日本からは私以外に四人が参加していた。この四人とは、お互いの体験を交換し、後に述べるように日本に帰国後も交流を深めた。しかしながら、ラホイヤプログラムに参加するにあたって、私の中には、他に日本人が参加しているだろうという思いは全くなかった。ただ、このコミュニティセッションのときに、フロム・ジャパンという英語を耳にして、中国系のひとたちにみえるけれども、ひょっとしたら日本人かもしれないぐらいの印象であった。日本人とわかり、交流が始まるのはスモールセッションが始まってからである。

全体セッションを終えると、次はスモールセッションと呼ばれる小グループ体験に分かれるが、どのグループに誰といった細かい事務的なことは、全体セッションではアナウンスはなかったようだった。でも、参加者は、それぞれ自分の小グループに分かれていった。どうしたものかと、私は自分のグループがわからないで戸惑っていると、エレベーターの中を見て来いという。エレベーターに行ってみると紙が貼ってあり、そこにグループ分けが記載されていた。

③　スモールセッション＃1

〈存在を大切にされる体験〉

部屋に入ると、それぞれが自己紹介を始める間もなく、メキシコから来たという四〇歳くらいの男性が立ち上がり、離婚のことを涙ながらに大声で話し始めた。セッションの開始に伴う、いわゆる沈黙といったものはなかった。以後のどのセッションにおいても日本でのような長い沈黙はみられなかった。また、ファシリテーターがセッションの主導権をとって仕切ることはなく、誰がファシリテーターであるかも、最初、わからなかった。

私はみんなの話に耳を傾けながらグループに参加していたが、メンバーのひとりであるドリスが「何が話されているかわかるか」と訊いてくれた。わかる話もあるが、わからない話もあると答えると、わからないときは、手を挙げろという、そのときは話を中断して、グループで、どんなことが話されているかを教えてあげるという提案だった。でも、なんだかグループの雰囲気を壊すみたいで「気が引ける」あるいは「すまない」と言いたいのだが、「気が引ける」「すまない」がうまく英語にならない。ジェスチュアーで伝えようと悪戦苦闘しながら何とかわかってもらおうと試みたりした。

とりあえず、わからないときは、手を挙げるということを提案してくれたことで、セッションの場に居やすくなった。ただ、メンバー同士のやりとりが早口になり、緊迫したものになると、やはり手を挙げるのは難しかった。しかし、私の態度から、十分に理解できていないであろうことを察したメンバーが、要点を記したメモをまわしてくれて助けてくれた。また、あきらかに私の語学力では理解が困難であろうと思われる場面では、グループは立ち止まり、わかるかということを私に尋ねてくれた。私は、ドリスやグループに支えられながら、何とかグループに参加した。

これらの体験から私が学んだことは、私を大切にしてくれているということであった。「言葉（英語）」がわからないメンバーは切り捨てる、あるいは、置いていくということではなく、「言葉（英語）」がわからないメンバーであっても、そのメンバーも、いっしょに進むというグループの姿勢が伝わってきた。

言葉が少々わからなくても仲間として加えてもらえるという体験は、私をグループのなかに居やすくした。言葉に対する劣等感をもってはいるものの、そのことでグループのなかに居ることに何ら遠慮はいらないというメッセージがひしひしと伝わってきた。

〈徹底して自分の話に耳を傾けてもらう体験〉

このことは、グループのなかでの相互理解においても同様であった。たとえば、私は家族のなかでの長男としてのつらさを語った。自分の個人としての生き方と家族のなかの長男としての生き方が相反する難しさに、私は、そのとき直面していた。そのことをグループで訴えるのだが、どうしても長男としてのつらさがわかってもらえなかった。個人として生きればいいではないか、なぜ、そんなに長男に拘るのかというのがグループからの反応であった。

私としては説明するのに疲れ、もういいやという気分にしばしばなった。しかしながら、グループは、私がそういう気分になればなるほど、もう少し話してみたらどうだろうなどと私に食い下がってきた。それで、私のほうでも、さらに追加して日本の家族制度や文化などのことを話したりした。本当に、こちらがもういいよと言わないかぎりは、しつこくメンバーが関わってくることに私は驚いた。気がついてみれば、私だけで一時間以上の時間を使っていたりした。

まさに言葉（英語）ができる、できないではなくて、伝えようとするのか、あるいは、わかろうとするのかの問題であるといったメンバーの関わり方であった。私にとっては、話の内容よりも、このメンバーのしつこいぐらいの私に対する関わり方が印象的であった。

このように徹底して話を聞いてもらえた体験によって、私はグループの一員なのだという安心感を増していった。自分が伝えようとすることに対しては、徹底して耳を傾けてもらえたという感覚は、現在でも私に強く残っている。

④　スモールセッション　＃２
〈自分のスタイルを尊重する体験〉

私は、自分の存在を大切にしてくれる雰囲気のなかで、自分の気持ちをわかってもらうことができて心細さも解消し、グループのなかに溶け込んでいった。

しかしながら、わかり合おうと試みることは、当然のことながら、容易な場面ばかりではなかった。わかってほしいことが伝わらなくて、対立や衝突がグループのなかでは何度も起きた。とくに、イスラエルの歴史やアジアの文化に関する出来事を相互に理解しようとすることは困難を極めた。

伝わらない歯がゆさやイライラから、セッションの部屋を飛び出して自分の居室にもどるメンバーも出た。そのたびにグループは、中断や休憩を取りながらセッションは進んだ。このような場合、私のグループでは、メンバーを居室に追いかけてセッションの場にもどる手助けをした。先にも述べたように、メンバーを置いていくのではなく、グループで進んでいく姿勢は一貫していた。追いかけてフォローするのは、必ずしも、ファシリテーターばかりではなかった。出て行ったメンバーに親近感をもったメンバーが追いかけ、いっしょに寄り添ってもどってくることが多かった。

わかり合おうとするなかで、私が戸惑ったのが、西欧風とも言える激しい自己主張であった。自分の意見を言葉で主張して、決して譲らない。その激しい自己主張のスタイルに、私は違和感を覚えた。

私も激しく自己主張しなければならないのか。衝突が繰り返されるたびに私は思い悩んだ。私のグループはそれでも言葉だけでの激しさで終わっていたが、隣のグループの部屋では物騒な物音が響いたりしていた。後で聞くと、メンバーのひとりが椅子を投げつけた音だった。

私には激しく自己主張するスタイルが、自分に合っているとは思えなかったし、どうも言葉が激しいわりには、主張している本人の実感（感情）からは離れているのではないかという気がしてならなかった。

それで、私はあなた方のように、激しく主張しなければならないのかと、グループに問うてみた。これに対して、ドイツから参加していたアンドリアは、「そんなことはない。あなたはあなたのスタイルを大事にしたらいいじゃないか」とフィードバックを返してきた。ただ、サンフランシスコから来ていた生粋のアメリカンであるメアリーは、徹底して言葉で自己主張することを訴えた。言葉で自己主張することがなければ、わかりあうことは難しいのではないかというのが、彼女の言い分であった。

どちらかといえば、ヨーロッパ勢はアンドリアに味方し、アメリカ勢はメアリーに加担している様子であった。私としては、メアリーのスタイルを否定するつもりはなかった。ただ、自分のスタイルを大事にしたらというアンドリアのコメントのほうが、自分には合っているように感じられた。したがって、その旨をグループには伝えた。

〈自分の実感を大切にする体験〉

ラホイヤプログラムでは、メンバーはセッションのなかだけでなく、休憩の時間やセッション外の食事の時間などに、カフェテリアや木陰でしばしば語り合った。

グループアプローチの流派によっては、セッション外での交流を禁止したり、抑制したりする立場もあるが、ラホイヤプログラムの場合には、むしろ、セッション外でのメンバー同士の交流を促進していた。私も多くのことをこの語らいから得た。

私がカフェテリアの使い方がわからなくて困っていると、メアリーが助けてくれ、いっしょに食事をすることになった。

メアリーは大学院の博士課程の学生だった。私と同じ大学院生ということで、アメリカでの大学院の様子をきいてみると、ずいぶんとカリキュラムなどが違っていた。詳しく聞いてみるとメアリーが通っているのは professional school〔注1〕の博士課程（Psy.D. course）だという。そのときに、初めてアメリカでは professional school が誕生していることを知った。彼女は当時の California School of Professional Psychology のバークレイ校に在籍していた。帰路に、サンフランシスコのメアリー宅に立ち寄り、メアリーに伴われてバークレイ校を訪問し、アメリカの専門職大学院の実際を見聞することができた。

メアリーに、言葉で激しく自己主張する割には、言葉に実感が乏しい感じがするという私の疑問をぶつけてみた。あなたはどう感じるのか（How do you feel now?）という問いがセッションのなかで盛んに行われていたが、私からみると、それに対する答えが、言葉のうえだけでのことであり、表面的に見えていたからである。メアリーは困惑したような表情をしたが、すぐに彼女のスタイルで応じてくれた。以下は、彼女とのやりとりの断片である。

「お互いのやりとりが速すぎないか。もう少しゆっくりと間（ま）をとって伝えることがあってもいいのではないか」と私が問うと、「それは沈黙ということか、沈黙は苦手だし、沈黙では伝わらないと思う」ときっぱりと答えた。

また、「自分の気持ちに合った言葉を探す時間があってもいいのでは」と問うと、「どうやって探すのか。話すことによって言葉を探すのではないのか。相手とやり取りすることによって探すのだと思う。言葉に出すことが気持ちの表れだと思う」と明快に応えた。

さらに、私が、「言葉に出さない気持ちというのもあるのではないのか」と迫ると、「では、言葉に出さない、出せない気持ちはどこに行ったのか」と、今度は彼女が私に問い返した。

私が，「どこにも行かない。自分のからだ（身体）のなかにそれはある」と発言するやいなや，「あるかないかは，私には，わからない」と彼女は甲高い声で言い放った。

メアリーと私のやりとりは，なかなか近づけなかった。しかし，私自身はメアリーに近づけた気がした。少なくとも，メアリーと私との間を隔てているものが何であるかは明確になった。メアリーは言葉でのやりとりを大切にしているし，私は沈黙に意味を見出している。私はからだ（身体）をも気持ちを表すものとしてとらえているが，メアリーは，あくまで言葉こそが気持ちを表現するものだと主張している。

このメアリーと私の違いは，何を自分の実感の根拠とするかということでもあるだろう。彼女は言葉を重ねることで，自分を感じようとしているし，私は言葉だけでなく自分の身体にも自分を感じようとしていた。このラホイヤプログラムでのメアリーとの「言葉・気持ち・身体」をめぐる対話は，その後，私自身が自分の得意な領域を発見し，自分自身のアプローチを開発するうえで，持続的な刺激となっている。〔注2〕

⑤　スモールセッション #3
〈寄り添ってもらう体験〉

ひととの出会いが強力なものであればあるほど，別れはつらいものであった。ラホイヤプログラムの最終セッションは，始まりと同様に，コミュニティセッションであった。それぞれが，このラホイヤプログラムで体験したことを振り返って語り，お互いの体験をシェアーするというものであった。

私はどちらかといえば，コミュニティセッションは苦手であったが，この最終のコミュニティセッションは印象に残る体験となった。私自身はメンバーから多く助けられ，支えられもしたが，はたして私自身は他のメンバーに何かできたのだろうかとやや無力感にとらわれ始めたときだった。アンドリアが言った。直後の体験報告（安部　一九八二）から引用してみよう。

ドイツから来ていたアンドリアという女性がアベが自分をとても help してくれたと泣きながら言ったのです。とても意外でした。ミーティングなどでは口論はしても涙などはみせたことのない鼻柱の強いドイツ娘でした。その彼女が涙をみせたことも意外でしたし、私が感謝されるほどに helpful な存在だったことも意外でした。私自身うれしいというよりも、からだがふるえました。私なりの態度が通じたのだと手や膝がガクガクなりました。ほんとうによかったと思いました。

このコミュニティセッションを終わると、参加者は、いわゆる抱擁をしながら、また会おうといった言葉を交わしながら、別れの挨拶を行って、私からみると、いとも簡単に、その場を去っていった。私には、瞬く間といった別れであった。今まで親しくしていた人々が突然にいなくなって、どう対処していいか私はわからなくなってしまった。別れのつらさを感じる間もなく、一気に「何か」が押し寄せてきて混乱してしまった。

とにかく身体が動かなかった。へたりこんでしまって身体が思うようにコントロールできなくなった。みんなが去っていった後に自分の居室にもどり、私はベッドに腰掛けて、憔悴しきった。

そんな私に、メンバーのひとりが居残ってくれ、私が動けるようになるまで、じっとそばに付き添ってくれた。時間にしてどのくらいであろうか、二時間から三時間であったろうか。

私は今でも、ただじっと寄り添ってくれたメンバーに感謝している。私はおかげで、次へ動きだす元気を取り戻し、サンディエゴ空港へと向かい、アメリカ人間性心理学会の開催地であるトロントを目指すことができた。

私にとっては予想を超える別れの衝撃であったが、私は、この体験を通して、じっとそばにいっしょに居てくれるひとの存在の大切さを学んだ。何かをするのではなく、具体的には何もしないのだが、とにかくその場にいっしょにいることが、ひとの力に成り得ることを、この体験から学ぶことができた。

ラホイヤプログラムが強調しているパーソンセンタードとは、このように相手と寄り添う、あるいは、いっしょにいるということではないかと、私自身はそのときの体験から理解した。日本に帰ってきてから、私は友人や家族や男女の関係で「寄り添うこと」「いっしょに居ること」を大切にするようになった。そのことにより、偏屈だった私の人間関係は少しずつ楽になり、無理をせずに、ひとと居ることができるように変化していった。

(3)　ラホイヤプログラム体験の後

ラホイヤプログラムが終わった後に、日本から参加したメンバー四、五人で年に一回か二回ほど集まって、その後の近況などを語りあった。ときには、海外から日本に遊びに来たラホイヤプログラムのメンバーも加わった。[注3]

この集いには、次のふたつの意味があるように思われる。

①　日本文化への溶け込みの促進と支え合い

ひとつは、この集まりによって、日本に帰ってきてからの日本文化への溶け込み、いわゆる再適応が促進されたように思う。ラホイヤプログラムはある意味で、エンカウンターグループ文化ともいうべき独自のスタイルを持ち合わせており、それぞれが所属している文化とは衝突しやすい要素を持ち合わせている。たとえば、上にも述べた自己主張のスタイルとして、個人的に強く主張することを自分のライフスタイルとして身につけたメンバーもいたりする。そのようなメンバーにとって、帰ってきてからの日本の文化のなかでは、職場の人間関係などに思いがけず対立や衝突を生み出しかねない（畠瀬 一九八四）。ラホイヤプログラムのなかでは、自分では、ある程度、抑え気味であっても、自分の文化のなかにもどると、強く自己主張してしまう結果となりやすい。

そのような日本に帰ってからの、違和感や生き方を語り合う仲間を得ることによって、お互いの生き方を微調整しながら徐々に日本文化のなかに溶け込み、再適応していくのを支えあった。

② 日本文化の再発見と「自己」の問題の共有

ラホイヤプログラムでは、アメリカやヨーロッパ、アジア、イスラム、アフリカなどの文化的背景をもった人々と接することによって、結果として、日本独自の文化とは何なのかを問われることにもなった。日本文化の独自性は何なのか。そのことは、当然のことながら、日本人としての私の独自性は何なのかという「自己」の問題でもあった。〔注4〕

日本に帰ってきてからのラホイヤでの仲間の集まりが、京都などの場所で開催されたのも偶然ではないように思う。とにかく、みんなは日本を恋しく感じており、その気分を共有しあった。共有しあったものは、寿司などの食べ物や和服などの服飾であることもあったが、より日本文化の歴史性が強く感じられる場所を自然と好んでいたように思う。

たとえば、それは神社仏閣であった。神社仏閣の仏像や建造物が、これまでとは異なって新鮮にみえたり、また神社仏閣の空間そのものを、自分たちの懐かしい居場所として、神妙な気分をそれぞれが味わったりした。そして、私たちの（私の）独自性とは何かを神社仏閣の一隅で語りあった。私たちの独自性とは、このような歴史性のどこに顕れているのだろうか、いや現れていないのだろうか、と議論を深めた。

ラホイヤプログラムが縁で始まった仲間づきあいは、「自己」の問題を共有することによって、お互いの人生を刺激し合って現在に至っている。

3　私のグループ体験とファシリテーター

(1)　体験のための安心感のある場づくり

以上述べてきた私のラホイヤプログラム体験に、ファシリテーターはどのように関わったのかを考えてみよう。私のなかに体験としてあるのは、ファシリテーターは私がこれらの体験を試みることができるように、グループの場づくりをしてくれたということである。

英語でのコミュニケーションが十分でない私が、見知らぬグループの場で思い切り自分を試し、また自分を探索し、グループのメンバーからのフィードバックを受け止めやすいように、安全で安心感のあるグループの場をファシリテーターは提供してくれた。日本におけるファシリテーター研究でも野島（二〇〇〇）や安部（二〇〇六）によって、グループの安心感のある場づくりの大切さが指摘されている。

ラホイヤプログラムでは、ファシリテーターはラホイヤプログラムの経験者から選ばれるようであったが、私のグループのファシリテーターのひとりは、「私はあなた方よりも一回だけラホイヤプログラムの参加回数が多いだけのことですから」と言って、メンバーを笑わせた。私は、ファシリテーターではあるが、あなた方とは何ら変わりはありませんというのが基本的態度であった。頼りないといえば頼りないが、とても誠実さが感じられ、グループの居心地はよかった。

彼とのやりとりで忘れられない出来事がある。彼は顔にひげを蓄えていたが、そのこともあってか、グループのなかでの彼とのやりとりのときに，私は彼に怖さを感じた。それで，あるとき私は彼に，「あなたはひげを生やしており，ライオンのようで，あなたとやりとりしていると，とても怖くなってしまう」とつい言ってしまった。すると，次のセッションに現れた彼は，ひげを見事にきれいさっぱりと切り落としていた。「どうだ，アベ，これで怖くないか」と彼は私に尋ねた。私も他のメンバーも驚いた。まさか彼がそのような行動に出ようとは予測していなかった。私が頷くと，彼も安堵した表情であった。

私は，彼のこの行動に彼の人間味を感じたし，いっしょにグループをやっていけるひとだなと信頼もした。他のメンバーもそうだったに違いない。

(2)　ひとりの人間としての参加を強調

ラホイヤプログラムのファシリテーターだからという特別の技法やエキササイズを体験した覚えはない。技法やエキササイズなどは，ラホイヤプログラムでは，むしろ嫌われ避けられていた。たとえば，ロールプレイなども，メンバーから提案があっても，退屈だ（boring）として他のメンバーから拒否されることが多く，スタッフも明らかに嫌悪感を示す場面に何度か遭遇した。

パーソンセンタードの立場のファシリテーターの特徴としては，リーダーであるファシリテーターが熟練者として権威化するのを避ける点であろう。このことは，ラホイヤプログラムの案内書には，次のように人間中心のグループリーダーシップについて述べられている（Rogers, 1970）。


ファシリテーターがグループのなかにどのような種類の熟練者としてでもなく，ひとりの人間として参加するとき，グループとファシリテーターの両方に，最大限の成長があることを強調する見解である。

このことは、ロジャーズ自身においても同様であり、ラホイヤプログラムのなかで、ロジャーズがエンカウンターグループの権威者として振舞うことはなかった。あくまでも参加者のひとりとしてのロジャーズであり、カール（Carl）とファーストネームで呼ばれることを好んだ。

ラホイヤプログラムでの私の体験を振り返るとき、ファシリテーターは何もしなかったわけではなく、私がファシリテーターのおかげだというかたちで体験しなかったということであろう。このような体験のしかたにこそ、村山（二〇〇五）も指摘するように、ラホイヤプログラムのねらいとするパーソンセンタード・アプローチの特徴が表れているように思う。

4　おわりに――私が私になるためのプロセス

ラホイヤプログラムは、私に、ひとは安心できる場のなかで自分に挑戦するものだということを教えてくれた。私自身、ラホイヤプログラムのなかで、思い切り自分に挑戦することができた。日本に帰国し、日常生活のなかで、それまでの言葉でのやり取りに対する苦手さや人間関係に対する煩わしさは減少した。むしろ、ひとに対する関心が増加し、ひととの関係を楽しもうとする自分を意識することができた。また接するひとを毛嫌いするのではなく、信頼することによって自分自身への信頼感も増すのだということに改めて気づいた。さらに、自分を卑下したり犠牲にしたりすることよりも、自分の好みに対して肯定的な自己像を思い描くことによって、変化しつつある自分を実感できた。

結局のところ、私はラホイヤプログラムによって、パーソンセンタード・アプローチとは、私が私になるためのプロセスであることを学んだのだと思う。

〔注1〕
日本では、専門職大学院（専門職学位課程）は二〇〇四（平成一六）年四月にロー・スクール（法科大学院）から始まった。臨床心理に関する専門職大学院は九州大学において、二〇〇五（平成一七）年四月に大学院人間環境学府のなかに実践臨床心理学専攻として開始された。

ひとつの研究科として独立した、いわゆるprofessional graduate schoolとしては、二〇〇七（平成一九）年四月に、鹿児島大学に臨床心理士養成のための専門職大学院（臨床心理学研究科）が、日本で初めて誕生した。

奇しくも、私は、この「専門職大学院（鹿児島大学大学院臨床心理学研究科）」の教員として着任することになるのだが、ふりかえってみると、ラホイヤプログラム終了後に、メアリーがバークレイで案内してくれた彼女の専門職大学院であるCalifornia School of Professional Psychologyを訪問したことが、ひとつの縁になっているように思えてくる。

〔注2〕
現在のところ、私自身の「言葉・感情・身体」をめぐる考察は、以下に示すような図6として表現され、日常の臨床活動において、とくに心身症と呼ばれる人々との関わりにおいて、私自身のアプローチ（セラピー）の準拠枠となっている。簡単に図6の説明を行ってみよう。

まずは、言葉での表出を行う場合に、「感情（気持ち）」を「身体」から切り離さないかたちでの支援を試みる。次に、それら「身体」と「感情」が結びついたものを「言葉」で表出するように援助する。以上のふたつの段階から成り立っていることを表したものが図6である。なお、この「言葉・感情・身体」に準拠した心身症者に対する心理療法的アプローチの詳細については、別の機会に論じたいと思う。

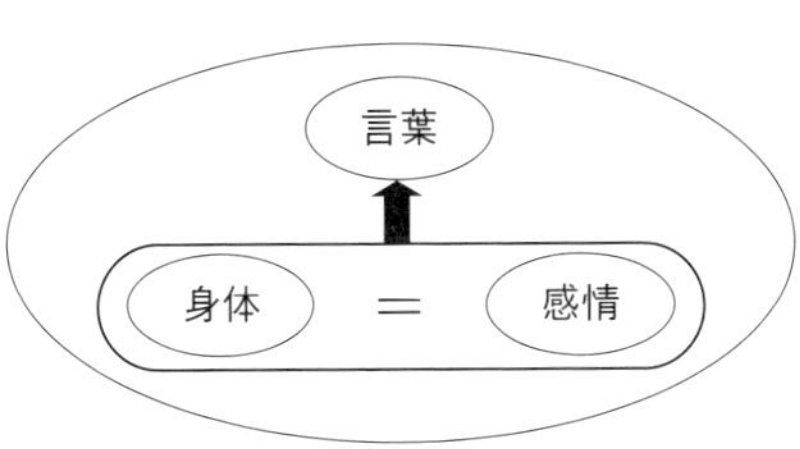

図6　言語化のための工夫

〔注3〕
ラホイヤプログラムの参加者との交流は現在も続いている。とくに、浪原勉・周子さんご夫妻と寺澤晴美さんからの長い友情とご支援には感謝申しあげます。交流が現在も続いていることには、とても不思議な気分を味わっている。ラホイヤプロ

グラムの仲間には、「こころ」のずっと深いところでいつも励まされているように、今も感じている。

〔注4〕

私の「自己」に関する論考は、自己はグループと個人との関わりによって成立し発展するというものである（安部 二〇〇六を参照のこと）。とくに、個人がグループと関わるさいに、グループのもつ「スケープゴート構造」に着目して、「自己」の成立・発展を論じようとするところに私の論考の特徴がある（本書の第4章のなかで「ファシリテーターのスケープゴート現象」として若干の考察を試みている）。

文献

安部恒久　一九八二　私のラホイヤプログラム参加体験　九州大学心理臨床研究　一巻　九七－一一二頁
安部恒久　二〇〇六　エンカウンターグループ――仲間関係のファシリテーション　九州大学出版会
畠瀬 稔　一九八四　エンカウンターグループ経験における日米比較研究　人間性心理学研究　二号　七九－九七頁
村山正治　二〇〇五　ロジャースをめぐって――臨床を生きる発想と方法　金剛出版
野島一彦　二〇〇〇　エンカウンターグループのファシリテーション　ナカニシヤ出版
Rogers, C. R. 1970. *Carl Rogers on Encounter Groups.* Harper & Row. 畠瀬 稔・畠瀬直子訳　一九八二　エンカウンターグループ　創元社

第7章

私のファシリテーションの視点

「つなぎ」に着目した既知集団のグループ事例

1 はじめに

本章では、ファシリテーターはグループプロセスにどのように働きかけるのか、その具体的な視点を示したい。そのために、私がファシリテーター体験を行ったグループ事例を取り上げ、それぞれのセッションにおいてファシリテーターである私は、メンバーのどんな発言や態度に注目し、またどのようにグループプロセスに働きかけようとしているのかを提示する。

読者は、私の「ファシリテーションの視点」にふれることにより、自分のグループへの理解や関わり方と比較して、私のアプローチとの共通点や差異点に気づくことができるであろう。そのことにより、読者は、私のアプローチの特徴がどんなところにあるかを知るだけでなく、読者自身のアプローチの特徴が何であるかを、発見する機会にもなるのではないかと期待したい。

以下に示す事例は、筆者が「つなぐ」ことに着目して、ファシリテーターを行った既知集団を対象としたグループ事例である。未知集団でのグループ体験では日常と離れた場で、日常とは異なった体験をすることに意味があるものとして「非日常性」が強調される。しかしながら、既知集団においては「非日常性」を強調しすぎると、「非現実性」を誘発することにもなりかねない（宮崎 一九八三、下田 一九八八、平山ら 一九九四）。したがって、本グループ事例では、ファシリテーターとして私は、できるかぎり日常の体験からグループ体験を切り離さないで、メンバーのグループ体験を促進しようという工夫を試みた。

なお、本稿では、ファシリテーションの視点をわかりやすく説明するために、本文に傍線を付してコメントを行うことにしたい。

2　グループ事例の提示

(1)　グループの概要

このエンカウンターグループは、看護学校の授業の一環として集中宿泊形式（三泊四日、一セッションの長さは約三時間、計九セッション）で実施されたものであり、参加者は一〇名、ファシリテーターは一名（筆者）である。以下では「つなぎ」に焦点をあてたファシリテーション場面を中心に、第一セッションから最終（第九）セッションまでの様子を簡単に紹介する。

なお、単線の傍線は「ファシリテーションの視点」を説明するために付されたものであり、二重の傍線はファシリテーターの「つなぎ」の働きかけを示すためのものである。

(2)　グループプロセス

第1セッション〔第一日午後〕　自己紹介

ファシリテーターがセッションの部屋に入っていくと座布団の席が用意されている。ファシリテーターは歓迎してくれている感じを受ける。

ファシリテーターから「こうしなくてはいけないということが決まっているわけではありません。みんなでつくりあげていきたいと思います。お互い、いろんなことを話すことで、もっとお互いのこと、相手のことや自分のことを理解することができたらと思います」と口火を切る。

ファシリテーターはセッション開始前にメンバーに書いてもらった参加者カードのフィードバックを丁寧に行う。次のような言葉で、メンバーの不安と期待を取り上げる（1）。

「何を言われるかわからない（傷つけられる）不安、あるいは、あまり話したことのない友達といっしょにいるのは不安かもしれないけど、クラス全体がひとつにまとまればと期待しているひともいる。また、自分を知る良い機会になるかもしれない、本音で語りあえる友達がもっとできればいいなと期待しているひともいるようです」。

また、ファシリテーター自身は、安心してこの場に居ることができていることをメンバーに伝える。

その後、ファシリテーターの自己紹介を行う。わりあい、ゆっくりと自分を紹介でき、良い感じが残る（2）。メンバーの自己紹介へとつなぐ。一〇人のメンバーのうち三人の自己紹介でこのセッションは終わる。残りの人は夜のセッションで行うことになる。ファシリテーターの心積もりでは、全員が自己紹介をして、このセッションを終えるのかと思っていたので、意外な感じが残る。

メンバーから昨年はどんなことをしたのかという質問が出たのをきっかけに、ファシリテーターは昨年の先輩のグループ体験がどうだったかを紹介して今年のグループ体験へのつなぎを試みる。また、先輩から謝恩会への案内がファシリテーターに来て、参加してみたら楽しく過ごせたことを語る。久しぶりに会って、「どうしてる?」「どうすることにしたの?」などと話すことがあるのはいいなと感じたことを感想として述べる。

第2セッション〔第一日夜〕　自己紹介（残りのメンバー）

残りのメンバーの自己紹介を行う。おしゃべりな二人のメンバーがひっぱり役である。ただ、話がずれたときには「話がずれてしまった」「話がとんでしまった」と言って、メンバーは話を元に戻すことができる(3)。

ファシリテーターはメンバーが話すのを聴きながら、わかりにくいところを尋ねてみたり、他のメンバーへ質問をふったりと、メンバーとメンバーをつなぎながら、セッションに参加する。ファシリテーターはグループのなかに落ちついて居ることができている。

セッションを終わってから、戸外に出てメンバー全員で星空を観察する。北斗七星がきれいに輝いていた。

第3セッション〔第二日午前〕　医療現場の人間関係

メンバーは部屋のなかのテーブルをのけて丸くなって座り(4)、外に散歩に行くか、室内で過ごすか、を話し合う。

メンバーから、「外に出る楽しさがあってもいいし、部屋のなかでいろいろ行う楽しさもある」「散歩もいいけど、みんながまとまるようなことができるといいなと思う」「ひとつのことをみんなでできるといいな」などの発言がある。ファシリテーターはひとつにまとまりたいという雰囲気を感じた(5)。

結果として、やや焦点を絞って病院での人間関係の話題になる。病院実習での患者さんとの接し方や病院のスタッフ（看護師、医師）との人間関係の難しさを様々な例をお互い出して語り合う。また、ファシリテーターも自分の親類の入院生活での苦労などを語る。

このセッションの感想として、あるメンバーから「今まで知らなかった、みんなの気持ち（実習中のつらさなど）が素直に話せた（6）」ことが語られた。

第4セッション〔第二日午後〕「意外性」のセッション

戸外に散歩に出ようということになる。ひとりのメンバーが足早に坂道を降りていくが、足を挫き、動けなくなってしまう。メンバーたちはそのメンバーのまわりに座り込み、おおいに励ます。ひとりのメンバーがその挫いたメンバーを背負って行こうとするが、結局、散歩は中止となり、宿舎にもどる。しかし、すぐには宿舎に入らず、もどってきて、宿舎近くの空き地で子どもの頃に親しんだゲームをみんなで行い、盛り上がる。

このセッションでは、ひとりのメンバーの「挫き」への関わりをきっかけとして、急速にメンバー間の仲間意識が高まり、グループとしての凝集性は強化された。ファシリテーターもメンバーの名前と顔が一致しはじめ、ともに遊びを共有できた（7）。メンバーの違う一面を見ることができた。

第5セッション〔第二日夜〕 イメージによる自己理解

ファシリテーターはセッションの冒頭で、さきほどのセッションでのメンバーの態度にやさしさを感じたことを感想として述べ、セッションとセッションのつなぎを試みる。

このセッションで何をしようかということになり、メンバーはトランプをしようとするが、ファシリテーターは制止して「自分を知り、他人を理解することになるだろうか」と自分の気持ちを述べる（8）。

結局、ファシリテーターから「イメージ鬼ごっこ」というイメージを使っての自己理解のためのグロースゲーム（growth game）が提案され、行われることになる。ただし、メンバーからは「フィードバック」への恐さが語られる。そのため、ファシリテーターは昨年のグループ体験での先輩の感想を紹介し、「大丈夫だから、やってみませんか」と自信をもって勧める。

メンバーはイメージ鬼ごっこを行うが、ファシリテーターからの提案をうのみにしたり、いやいや行うのではなく、自分たちで上手にアレンジして行う（9）。メンバーは「イメージ鬼ごっこ」の持っているゲーム性をうまく活かしながら、しかも、その本質である性格のフィードバックを取り込み、メンバーが傷つかないかたちで進める。ファミリアグループ（既知集団）だからこそ、よくお互いを知っていると思わせること（よく居眠りをするひと、遅刻するひと）を材料としてイメージでフィードバックを行う。

セッションの感想として「フィードバックの多様さ。ひとそれぞれの見方があること」、「クラスであまり話さない人とも話せるようになって嬉しい気分」、「それぞれの人のことを深く考えることができた。皆も楽しそうであった。自分はこのように思われているのだと考えさせられた。それぞれが違う考えをもっているのだと思った（10）」といったことが語られた。

第6セッション〔第三日午前〕 印象フィードバック

前のセッションで、ひとりのメンバーの印象が、本人は弱々しそうに自分のことを思っているのに対して、実際に接している他のメンバーは、内面の強さをそのメンバーに感じているという話題になる。他のひとの場合はどうなのか。本人のイメージと他のひとのイメージは異なっているのかどうなのかということになり、ファシリテーターからポジティブ（肯定的）な面に焦点をあてた印象フィードバックを行うことが提案される。

提案にあたって、ファシリテーターは次のような言葉でグループへの安心感を表明する（11）。「このグループは、みんなでもっと知ったり、いろんなことをわかりあえるグループではないかと思う。みんなでやっていける自信があるし、他のひとから（自分のことを）言われる恐さもあると思うけど、みんなはどう思っているか、もっと知りたいと思っているひともいる」。

メンバーは印象フィードバックにより、「みんなから自分のことをきいてドキドキした。けれど、その想いがすごくうれしかった」という感想に代表されるように、メンバーは日常ではなかなか言われることのない自分のポジティブ（肯定的）な面を聞き、自分に自信をもつとともに、仲間に対する信頼感が増したようであった。

第7セッション〔第三日午後〕　息抜き（ひと休み）（彼の話）

このセッションはどんなことをするのか。ファシリテーターは、メンバーがファシリテーターに依存しそうな感じをうける（12）。ファシリテーターは何もアイデアはもっていませんと宣言する。ファシリテーターは、あまり激しい動きを伴うことには、ついていけないから、かんべんしてほしい旨をメンバーに伝える。

トランプをすることになる。メンバーはそれぞれが知っているトランプを使ったゲームを行う。ただ、ゲームに負けたものに対して「罰ゲームがいじめみたいになるのもイヤだしね」との発言があり、罰ゲームではなく質問をするというかたちで相手を知るかたちとなる（13）。

質問は彼とのことが中心であり、彼との関係での本音とか、恥ずかしさや失敗するのではと不安に思った質問が多い。

第8セッション〔第三日夜〕　こいばな（恋話）

最初に、前のセッションとのつなぎとして、「話をするとき、テーマがないとなかなか難しいですね」ということをフィードバックし、みんなで共有する。

再び、何を話すかとなり、話しやすいところからということになり、「こいばな（恋話）」となる。ファシリテーターからみると少し軽いかなと思えるような恋愛の話も、性同一性の獲得を発達課題とする青年期のメンバーにとっては「初めてその人のことを知れた感じ。その人の話を聞こうとする姿勢がみられた」というメンバーの感想にみられるように、メンバー個人にとってはお互いを知るための大切な話題となった。

（ファシリテーターは）グループ全体として、自分のなかの大切なことを語れるだけのまとまりや受け止める力が、グループに十分にできあがっている感じを受ける（14）。途中、メンバーは話題のなかで、このグループにいないメンバーの恋話に触れようとしたが、これに対しては、ファシリテーターは「この場にいないひとの話題は避けよう。そのひとに伝わらないから」とメンバーに提案する。

結婚は何歳ぐらいまでにするのかといった話や、個別の彼との具体的なことなどが語られる。ファシリテーターはみんなの話に耳を傾け、ときどき男としての言い分をメンバーに伝えながら、メンバーの話題に参加していく（15）。

最終（第9）セッション〔第四日午前〕　メッセージの寄せ書き

ファシリテーターは最終セッションとなったが、「どんなふうにまとめたらいいのか。終わったらいいのか。何かそれぞれに言葉を伝えたい気持ちがあるけど、どんなふうに言葉を伝えたらいいのか、わからない」旨をメンバーに伝える。これに対して、メンバーから紙に書いてみたらどうかという提案があり（16）、メモ用紙が準備される。メンバーひとりに他の九人のメンバーとファシリテーターがそれぞれに言葉を書き、本人に贈る。本人はそれを読んで感想を述べる、といったかたちでメンバーたちによって進められる。

メンバーからの感想として「自分をみつめることができた。そのままでもいいのかな。そんな考えもあるのかなと思った。自分では心配してないことでも、みんなが心配してくれていることを知った」、「ほめたいなと思っていても、日常生活のなかでは、なかなかほめる機会がない」、「最初は（グループ体験で）泣いたりした話を（先輩から）聞いて怖かった。そこまでやるのかといった感じだった」、「最後、グループのみんなに感謝できて良かった」。

「傷つけ合うだけでなく、他の方法で自己をみつめ直せた」、「寄せ書きをすることであらためて、自分のことをみつめなおすことができたし、自信がついた」、「四日間のことが、次々にフラッシュバックのように浮かんできて、またバラバラになるのがさびしく思った。感想をひとこと言うとき、涙がこぼれそうになった」、「あとに残る思い出のメッセージをもらったこと。自分自身に自信がついたこと」などが語られた。

3 ファシリテーションの視点

以下に、それぞれのセッションで傍線を付した（1）〜（16）の場面について、ファシリテーションの視点としてコメントを試みたい。

第1セッション

（1）（ファシリテーターは）メンバーの不安と期待を取り上げる。

このファシリテーターの発言にみられるように、ファシリテーターはメンバーの不安と期待の両方の気持ち（動機）を取り上げることが大切である。とかく、ファシリテーターはメンバーの不安だけ、あるいは期待だけを取り上げてしまいがちである。

同じグループのなかに、不安と期待という違った気持ちをもつメンバーが居ることを取り上げることができるのが、グループアプローチの特徴でありメリットである。

グループアプローチの場合には、メンバーは同じグループのなかに違う気持ちのひとがいることを発見することによって、メンバー個人のなかにも、不安と期待という違った気持ち（動機）が存在していることに気づくプロセスへと進むことができる。

（2）（ファシリテーターは）ゆっくりと自分を紹介でき、良い感じが残る。

ファシリテーターが「忙しく」ではなく、「ゆっくり」と自分をグループに紹介できたと感じるときは、自分がグループに受け止められたと感じるときでもある。そして、ファシリテーターが自分を受け止められたと感じたときには、もっと自分のことをグループに話してみたい気持ちを自分のなかに感じることができる。すなわち、ファシリテーターはどんなひとなのか、グループがファシリテーターに強い関心を抱いていることを、ファシリテーターは感じることができるからである。

以上のように、自己紹介のときに、ファシリテーターは「忙しく」自分を紹介してしまわざるをえないのか、それとも「ゆっくり」と自分を紹介できるのかは、ファシリテーターが、グループ体験において、グループといっしょにやっていけるかどうかの手応えを左右するひとつの鍵といっていい。

第２セッション

（３）（メンバーは）話を元に戻すことができる。

「話を元に戻す」ことができることをグループが示してくれたときには，ファシリテーターとしては，グループに対する安心感が湧いてくる。これは，個人アプローチの場合もそうであるが，グループが本筋を外れたことをわかって，「自分で」元に戻すことができるというのは，それだけ，グループに「自分たち」でやっていける力があることを示していると理解してよいであろう。

もちろん，グループに元に戻す力がいつもあるわけではないかもしれない。ときには，ファシリテーターが外れたことを指摘し，元に戻す手伝いをする機会が必要な場合もあるかもしれない。しかしながら，基本的には，ファシリテーターはグループには「自分で」戻す力があることを信頼して以後のグループプロセスに関わっていくことになる。

第３セッション

（４）（メンバーは）部屋のなかのテーブルをのけて丸くなって座る。

グループが，自分たちで自分たちのグループ体験の場づくりを物理的にすることは，グループ体験を肯定的に受け止める場合にみられる。すなわち「自分づくり」の始まりであり，グループは「自分」をつくりやすい場を自らの手でつくっているとも言うことができる。

とくに私たちは，日常生活において「テーブル」を間（あいだ）に介して座ることに慣れている。いわゆる会議あるいは研修のスタイルである。したがって，グループがテーブルをのけてしまったことは，日常のスタイルを捨て去り，グループ体験に馴染んだスタイルを選択したと言えるかもしれない。実際に，グループ体験では、通常の会議や研修とは違い、テーブルを必要とする資料などはないし、筆記用具を使用することもほとんどないのである。グループ体験では、メンバーがいっしょに座り、いっしょに言葉を交わす「体験」が自分をつくっていくのである。

（5）ファシリテーターはひとつにまとまりたいという雰囲気を感じた。

ファシリテーターがグループに接して、そのグループが「ひとつにまとまりたい」雰囲気をもっているかどうかは、バーリンゲイムら（Burlingame et al., 2002）が指摘するように、グループ体験の効果に強く影響する。ファシリテーターはグループ体験を促進するさいに、「このグループはバラバラだな」とか、「このグループはまとまりがいいな」といった手応えを実感として頼りにしている。当たり前のことであるが、「このグループはまとまりがいいな」と感じることができたときは、やはり良い終わりを迎えることができる。

このグループのまとまりのよさ（凝集性の強さ）は、結局のところ、グループがメンバーの発言を受け止めるための素地をつくっていくことになる。発言するメンバーは、グループがまとまることができずに、バラバラな感じを受けているときには、決して自分の大切な話をする気持ちにはならないだろう。

しかしながら、このときにファシリテーターが留意しておかなくてはならないのは、あくまでもメンバーの話を受け止めるためのグループとして、グループのまとまり（凝集性の強さ）が必要ということである。グループのまとまりは手段であり目的ではない。グループのまとまり自体が目的となってしまうと、グループのまとまりのために個人を犠牲にしてしまうといったことも起こりかねない。グループ体験を個人の心理的成長のために用いようとするファシリテーターは、このことをくれぐれも留意しておく必要がある。

（6）（メンバーは）「今まで知らなかった，みんなの気持ち（実習中のつらさなど）が素直に話せた」

既知集団のように，日常生活で顔を合わせている者たちでも，意外なくらいにお互いの気持ちの部分は話せていないし，そのことを話す機会は少ない。エンカウンターグループの機会をもつ意義は，このように日常では話せない気持ちを話す場として提供することにあるといえる。

しかも，メンバーは日常生活では，どうしても日常の人間関係が入ってきて「素直に」自分のことを話すことは難しい。エンカウンターグループに参加することによって日常から開放されることで，自分の内面に自分の関心を向けることができるのである。

実習中のつらさなど，実習のときに話せてよさそうなものであるけれども，実習というものはそういうつらさを見せることはできない性質のものなのかもしれない。しかしながら，そうであればこそ，誰かに話し共有してみたい気持ちは強い。というのも，先にも述べたように，日常生活のなかで私たちは，個人で経験するつらさを共有する場を持ちえていないからである。最近では，インターネットを通して，顔を見たこともない人々に対して，ブログという形式で自分の気持ちを吐露することが起きている。

しかしながら，この事例にみるように，実際に話す場が設定され，話す機会が提供されると，意外なくらいにメンバーは素直に語り合うことができる。顔を合わせ，相手の肉声に接してこそ実感できる自分というものがあるということかもしれない。

第4セッション

（7）（メンバーとファシリテーターは）ともに遊びを共有できた。

メンバーとファシリテーターがともに遊ぶことができたということは，ファシリテーターはグループに加

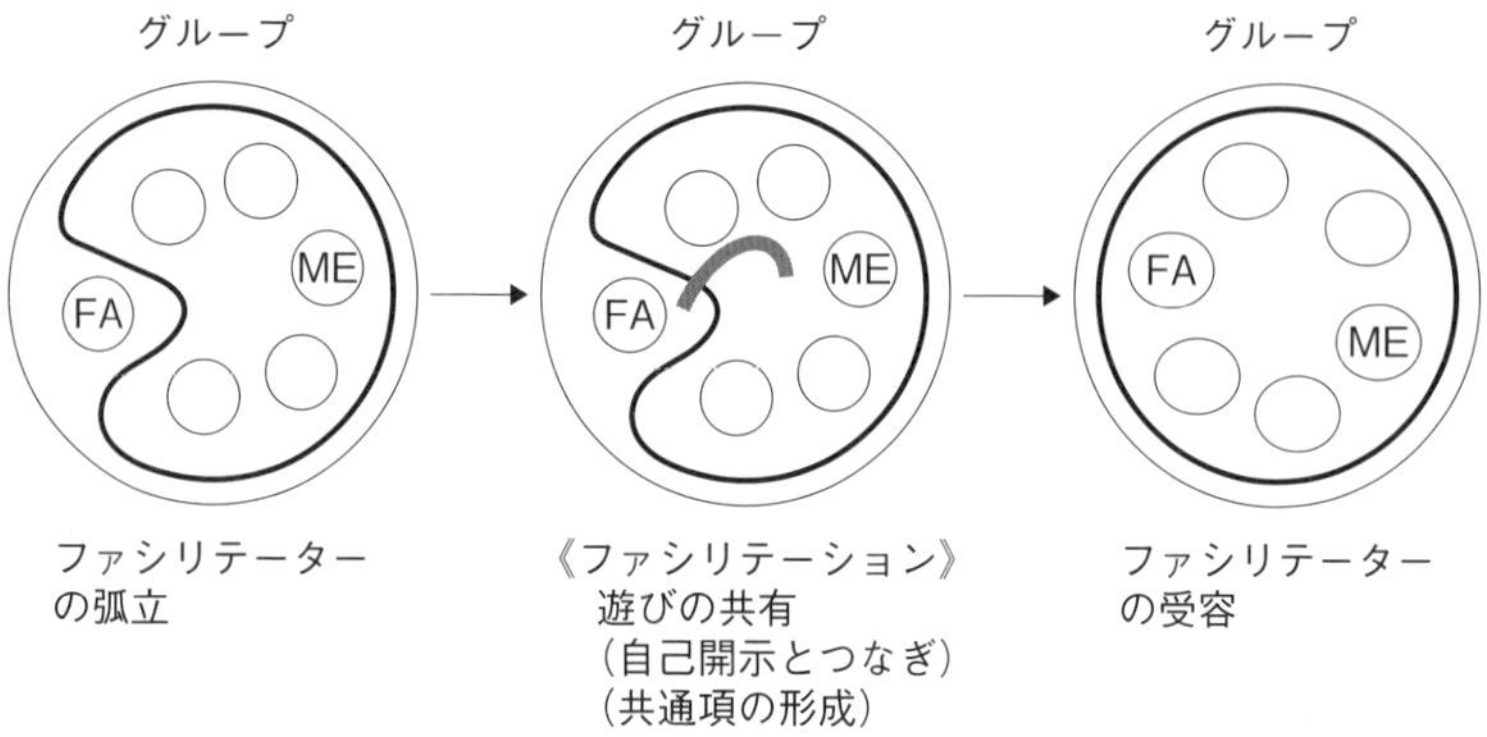

図7　ファシリテーター加入のための働きかけ（安部，2006を一部改変）

入することができ、グループからメンバーのひとりとして認められたことになるであろう。安部（二〇〇六）は、このことをグループプロセスの発展における「ファシリテーター加入プロセス」（図7を参照のこと。なお、この図7は前に示した図5と同型である）と呼んでいる。実際、遊びというのは、ファシリテーターもメンバーも、通常のセッションと異なったかたちで自分を出すことができ、お互いを無理なく知ることができる。

メンバーからみるとファシリテーターを試すのに遊びは格好の機会ということになる。「勉強」ということではファシリテーターは先生かもしれないが、「遊び」では、むしろメンバーのほうこそが先生となりうるかもしれないからである。

グループ体験では、グループプロセスのなかで、以下のように、いくつかのかたちで「遊び」の出現が見られる（野島 一九九六、中田 一九九九、安部 二〇〇六）。

①　グループプロセスの初期に、過度のグループ緊張に対する緊張緩和としての遊び。

②　グループプロセスが進んだ中盤の段階での一休みあるいは充電としての遊び。

③　セッションのなかで大切なことを話すのを避けるかたちでの遊び。
④　ファシリテーターとメンバーとのコミュニケーションの一環としての遊び。

この事例の場合は、②あるいは④ということになるであろう。

第5セッション

（8）ファシリテーターは制止して「自分を知り、他人を理解することになるだろうか」と自分の気持ちを述べる。

このファシリテーターの働きかけにおいて大切な点は、ファシリテーターがグループの動きを制止したことではなく、ファシリテーターが自分の気持ちを開示してグループに問いかけている点である。ファシリテーターが「自分を知り、他人を理解することになるだろうか」と自己の内的な問いかけをグループに開示して、メンバーとともに「今、ここでの気持ち」を共有しようとして試みている点にある。このファシリテーターの自己の内的体験を開示する問いかけにより、メンバーはメンバー自身の内的体験に目を向けることになる。すなわち、メンバーはファシリテーターと同様に、自分たちが行おうとしていることが、はたして「自分を知り、他人を理解することになるだろうか」とメンバー自身の内的体験（自己探求過程）に問いかけることになるのである。

（9）（メンバーは）自分たちで上手にアレンジして行う。

もし、メンバー（グループ）がファシリテーターの提案を鵜呑みにして、そのままに行おうとするときは、ファシリテーターはグループに対して提案を控えることになる。ファシリテーターはあくまでも参考と

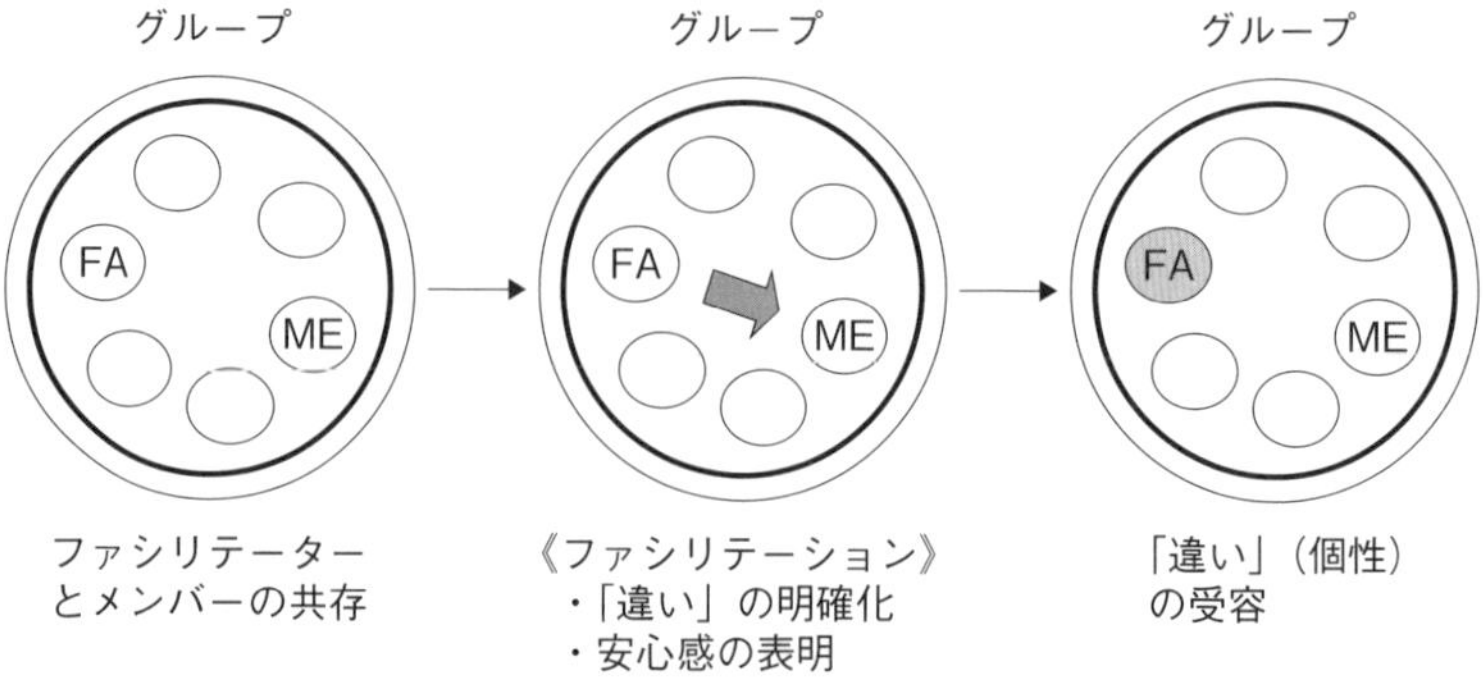

図8　ファシリテーターとメンバーの共存プロセス（安部，2006を一部改変）

して提案しているに過ぎず、ファシリテーターの提案は指示や命令ではないからである。グループがファシリテーターの提案を上手にアレンジし、そこにグループらしさがみえることが大切である。この事例の場合、グループがファシリテーターの提案を上手にアレンジしていることをファシリテーターとしては頼もしく思う。

もちろん、グループがファシリテーターの提案を拒否してくれてもかまわない。そのときにはファシリテーターは、グループにはファシリテーターの提案を拒否するだけの力があるのだなと、別の意味でメンバー（グループ）を頼もしく思う。

最も困るのが、ファシリテーターの提案を鵜呑みにされそうになったときである。ファシリテーターは、そのようなグループからは、何もグループらしさを感じることができないからである。

(10)（メンバーは）それぞれが違う考えをもっているのだと思った。　メンバーは同じエンカウンターグループの場を過ごすことで、お互いの共通点や似ている点がみえてくるだけでなく、お互いの違う点も見えてくる。そして、それらの違う点を受け入れることで、相手を自分とは違う存在なのだと受け入れていくことになる（安部，二〇〇六）。

ただ、グループプロセスのあまりに早い段階から、この「違い」がみえてしまうとお互いを違う存在として遠ざけてしまうことになりやすい。お互いの「同じ」という共通点（共通項）を確認し、図８に示すように、次に「違い」が見えてくる共存プロセスに進んでからということになる。

共通点ができあがり仲間関係が形成されている場合には、それらの「違い（差異点）」はお互いを遠ざけることにはならず、自分にはないものとして、むしろお互いを近づける魅力になりうるようである。

第６セッション

(11)（ファシリテーターは）安心感を表明する。

この場合のように、グループが迷っているときに、ファシリテーターが自己の安心感をグループに表明し、グループを励ますことがある。ただし、このことは、(10)と同様に、ファシリテーターがメンバーのひとりとして受け入れられた後のことである。ファシリテーターがメンバーのひとりとして受け入れられていないのに安心感を表明しても、グループには素直に受け入れられないであろう。その場合には、ファシリテーターの言葉はグループに安心感としては伝わらずに「やってみてはどうか」という押しつけや強制の印象だけが伝わってしまうことになりやすい。

第７セッション

(12)ファシリテーターは、メンバーがファシリテーターに依存しそうな感じをうける。

グループ体験において、ファシリテーターは「つなぐ」働きかけだけでなく、この場面のように、メンバーの依存を「切る」働きかけも行う。ただし、この「切る」働きかけは、ファシリテーターがメンバーのひとりとしてグループから認められた後に行われるのが通常である（図8を参照のこと）。ファシリテーターがグループの一員として認められる以前に「切って」しまうと、メンバーとファシリテーターの基本的関係までもが途切れてしまうことになりやすい。

メンバーとファシリテーターの関係が「つなぐ」働きかけによってできあがった後であればこそ、このファシリテーターの「切る」働きかけは、メンバーにファシリテーターからの自立を促す役割を果たすことになるのである。

(13)（メンバーは）相手を知るかたちとなる。

グループ体験ではすべてのことが、その目的である「相手を知り、自己を知る」ことに収斂するかたちになるのが望ましい。たとえゲームを行う場合であっても、そのゲームが相手を知るかたちで行われる場合には、この事例のメンバーの発言にみるように、相手との関係を考える機会を生み出すことになるからである。

しかしながら、同じゲームを行う場合であっても、この事例のメンバーが躊躇したように、相手を知るというよりも相手を罰することになってしまう場合には、相手を知ることにはならない。相手を罰した楽しさや嫌悪感だけがゲームの後に残ることになってしまう。

このことはゲームの場合だけに限らない。グループのなかで体験することを、楽しさだけを優先して決めてしまうと、そのときには「楽しかった」けれども、後から振り返ると「心から満足できない」という否定的な結果になってしまいやすい。あくまでも「相手を知り、自己を知る」ことに、グループでの活動がつながっているかどうかを、ファシリテーターはファシリテーションの視点として留意するべきであろう。

第8セッション

(14)(ファシリテーターは)グループ全体として、自分のなかの大切なことを語れるだけのまとまりや受け止める力が、グループに十分にできあがっている感じを受ける。

グループ体験では、グループにメンバーの大切な話を受け止めるだけのものができているかどうかの見極めがファシリテーターには求められる。この見極めができないと、メンバーが話そうかどうか迷っているときに、ファシリテーターは自信をもってメンバーに勧めることができない。

グループ体験における、この「話を受け止めるだけのもの」とは何であろうか。外からみると、集団凝集性といったものであり、内から見ると、個人アプローチの場合のカウンセラーの態度条件といったものになるのであろうか。グループアプローチの場合にもロジャーズ(Rogers, 1987)の三条件が有効であることを坂中(二〇〇一)は指摘している。

しかしながら、グループアプローチと個人アプローチで共通のものはあるにしても、やはりアプローチとしてモダリティは異なっており、グループアプローチならではの独自のものがあるであろう。したがって、グループ体験において、メンバーの「話を受け止めるグループの力」を何と呼べばよいのであろうか。名称はともかくとして、グループがメンバーの大切な話を受け止めるために十分な準備ができているかどうかをファシリテーターが見極めることが、グループプロセスを促進するうえでの重要な鍵となることは間違いない。

(15)(ファシリテーターは)男としての言い分をメンバーに伝えながら、メンバーの話題に参加していく。

(10)で、メンバーはグループ体験のなかでメンバー同士の共通点だけでなく、メンバー間の「違い」をも学ぶことを指摘したが、異性観（この事例の場合は男性性）もそのひとつであろう。

この事例では、メンバーは全員が女性であり、ファシリテーターのみが男性であった。とくにメンバーは青年期の独身女性であり、当然のことながら男性性に対する関心は高い。したがって、女性メンバーは男性ファシリテーターとグループ体験をともにすることによって、男性であるファシリテーターから異性として学ぶことは多い。その意味において、ファシリテーターは自己の男性性に対して、成熟した態度をもつことが求められる。

すなわち、グループ体験において、メンバーとファシリテーターの間に強い親密さが増せば増すほど、いわゆる「愛」のプロセスも進展するともいえる。その場合に、メンバーとファシリテーターの「性」の境界は曖昧になり、場合によっては、「性」のトラブルに巻き込まれることにもなりかねない。

この事例のように、ファシリテーターが自己の男性性をあえて強調するのは、そのようなトラブルを防ぐために男女の境界を明確にし、意識化する働きをもっているということかもしれない。グループ体験において男性ファシリテーターが男性性を曖昧にして主張しえない場合には、ファシリテーターはグループに飲み込まれており、男性としての自分を感じることが困難な状況に陥っているともいえる。

グループ（メンバー）がファシリテーターから男性性について学ぶことができるのは、ファシリテーターが自己の男性性について、グループプロセスのなかでより意識化でき、そのことをグループプロセスのなかで言語化して示すことができたとき、と言うことができるかもしれない。

第9セッション（最終）

⒃ メンバーから紙に書いてみたらどうかという提案がある。

メンバーからの提案はできるだけ尊重して，私はメンバーの提案に，いわゆるノル（乗る）ことが多い。メンバーからの提案はメンバーの自発的活動の一環であり，メンバーの意志表示でもあると考えるからである（安部 一九九七）。

もちろん，いつもノル（乗る）わけではない。⑻の場合のように，制止する場合もある。しかしながら，原則的にはノリというのが私のスタンスである。

したがって，メンバーの提案は，つぶさないようにグループで大切に育てていく。グループ体験のなかでは，「いろいろ提案やアイデア」はあるとしても，なかなか言い出せないことが多い。よほどグループがそのことを受け入れてくれそうな雰囲気をもっていないと，自分から言い出すことは難しいし，誰かが言ってくれるのではないかと依存的な態度になるのが通常である。

また，誰かが「自己紹介」をしようと提案したとしても，それを陳腐なものであるとして「つぶそう」という働きもグループのなかには出てきたりすることがある。したがって，ファシリテーターとしては，その提案が「陳腐であるか」どうかではなく，あくまでもメンバーが提案ということで意志表示をしてくれたことが大切なのであり，そのことをまずはグループが受け止めるように働きかけるべきである。もし，グループが受け止めることが困難な場合には，上記のことを「私は〜さんの提案を嬉しく思います。グループのみんなで〜さんの提案を考えてみませんか」と，ファシリテーターは言語化してグループに伝えることが求められるだろう。

メンバーの提案がグループに受け止められないままだと、メンバーの自発的行動は低下してしまい、グループは活気を失ってしまうからである。メンバーの提案はあくまでもグループを活性化していきたいというメンバーの意志表示だと理解する視点がファシリテーターには必要である。

文献

安部恒久　一九九七　エンカウンターグループにおけるメンバーによるファシリテーションについて――メンバーの自発的活動の積極的評価　福岡大学人文論叢　二九巻三号　一四四七‐一四七三頁

安部恒久　二〇〇六　エンカウンターグループ――仲間関係のファシリテーション　九州大学出版会

Burlingame, G. M., Fuhriman, A., & Johnson, J. F.　2002.　Cohesion in Group Psychotherapy. In John C. Norcross (Ed.) *Psychotherapy Relationships That Work: Therapist Contributions and Responsiveness to Patients.* Oxford University Press.

平山栄治・中田行重・永野浩二・坂中正義　一九九四　研修型エンカウンターグループにおける困難とファシリテーションについて考える　九州大学心理臨床研究　一三巻　一二一‐一三〇頁

宮崎伸一郎　一九八三　看護学生エンカウンターグループにおけるファシリテーションの方法に関する一考察　九州大学心理臨床研究　二巻　七七‐八七頁

中田行重　一九九九　研修型エンカウンターグループにおけるファシリテーション――逸楽行動への対応を中心として　人間性心理学研究　一七巻一号　三〇‐四四頁

野島一彦　一九九六　あそびが特徴的な看護学生のエンカウンターグループ――Middle Development Group の事例研究　福岡大学人文論叢　二七巻四号　一七三一‐一七七二頁

Rogers, C. R.　1987.　The underlying theory: Drawn from experience with individuals and groups. *Counseling and Values*, 32(1), 38-45.

坂中正義　二〇〇一　ベーシック・エンカウンターグループにおけるC. R. Rogersの3条件の測定――関係認知の視点から　心理臨床学研究　一九巻五号　四六六‐四七六頁

下田節夫　一九八八　エンカウンターグループの構造について　神奈川大学心理・教育論集　六巻　四六－六四頁

第8章

エクササイズの活用とプロセス促進
体験学習としてのグループアプローチ

本章で論じようとする体験学習としてのグループアプローチは、私がこれまでに実践の基礎としてきたエンカウンターグループ（Rogers, 1970：安部　一九九九）のエッセンスを活用したものである。すなわち課題（エクササイズ）をプログラム中心に運用するのではなく、プロセス中心に展開しようとする試みである。課題（エクササイズ）を体験学習として活用する場合に、プロセスを重視した立場からでは、どのような観点あるいは実践上の留意点をもちながら、ファシリテーターは進めていくのかを明確にするのが本章の目的である。

1　グループアプローチの意義

(1)　体験学習

ここで述べようとするグループアプローチは、体験を通しての学習であり、単に椅子に座ってリーダーの話を聴くというスタイルの学習ではない。自ら身体を動かして行動し、自分の身体のなかに生じる体験をもとに学ぼうとする学習スタイルである。ただし、通常の野外活動などでの体験学習とは異なり、自分の内面に生じたことを手がかりとして、そのことを自己の成長や対人関係の改善につなげようとする試みである。

このような自己の成長や対人関係の改善につながるグループアプローチの試みは、教育、福祉、カウンセリング、産業、医療などの幅広い分野で活発に実施されてきている（野島 一九九九）。米国ではすでに、グループアプローチがスクールカウンセラーの重要なレパートリーのひとつになっており、そのためのプログラムや課題（エクササイズ）も多く開発されてきている（安部 一九九五・二〇〇〇、Schmidz, 1996 ; Baker, 1999）。しかしながら、そのようなプログラムや課題（エクササイズ）が開発されればされるほど、プログラムや課題（エクササイズ）に依存することが多くなっていはしないかとの危惧を私は感じている。プログラムや課題（エクササイズ）が主人公ではなく、あくまでも参加者が主人公のはずであるからである。

したがって、参加者の心理的成長が目的であれば、やはりそのプログラムや課題（エクササイズ）を、どのように展開するのかという運用する側のスタッフの視点として、プロセスをどのように理解し、参加者の体験とともに進めていくのかという観点を加えることで、プログラムや課題（エクササイズ）が、より活きるのではないかというのが私の主張である。

(2) 自己表現と仲間づくり

グループアプローチを通して、自分を表現するうえで、また友達（仲間）関係をつくるうえでの大切なことはどんなことなのかを学ぶ。決して、自分を表現したくないわけではなく、また友達がほしくないわけでもない。どのようにすれば友達になれるのかを学ぶ機会に出会っていないだけなのではないか。そのようなひとたちに、グループアプローチは具体的な場面（課題）を通して学ぶ機会を提供する。とくに年度や学期などの始めに、まだ友達（仲間）関係ができあがっていないときに、自己表現や仲間づくりの一環としてグループアプローチを実施すると効果が大きい。本山（一九九九）は高校生を対象として非構成的エンカウンターグループを実施している。体験（課題）を通して、自分がどんな自分であるかを相手に知らせ、また相手がどんなことに興味をもっているのかを知ることによって、自分に合った友人を見つけることができる。単に表面的な人間関係に満足しているひとではなく、もっと自分を深く理解してほしいと思っているひとに、そのような機会を提供することになる。

(3) 集団の活性化

グループアプローチは、集団の凝集性を高め、集団を活性化することが可能である。教育場面においては、授業への動機づけとして用いることによって、学習意欲を高め、授業への集中力を増加させる。いつも学習意欲が高ければそれにこしたことはないが、そうもいかない。学習意欲が高いときもあれば低いときもある。したがって教師には学習意欲の低いときに、どのように授業を進めるかという工夫が、今は求められている。北原（一九九九）、水上（一九九九）、白井（一九九九）らは、グループアプローチのひとつである構成的エンカウンターグループ（國分 一九九二）を、教育場面に導入し、その成果を報告している。

すなわち、グループアプローチは教師がリーダーシップを発揮できる有効な道具となり得る。ただし、リーダーシップを発揮するにあたっては、従来のように自分だけでリーダーシップを独占するのではなく、参加者である学生とともにリーダーシップを分かちあう姿勢こそ大事である。その意味では、グループアプローチは、学習者を中心としたこれからの新しい教育に相応しい技法であるということができる。

以下では、私が試みている「創句による体験学習」の実際を通して、プロセス促進の仕方を紹介してみよう。本章では、ひとつの例として創句による体験学習を用いて「実施の手続き」および「手順」を述べていくが、基本的なプロセス促進の仕方は、「創句」以外の他の課題（エクササイズ）であっても同様である。

２　体験学習の実際——創句づくりを例として

(1)　実際の手続き

①　場面構成

a．人数　一五人から二五人ぐらい。

人数としては、あまりに多くなると全員で起こっていることを共有することが困難となる。たとえば一言感想を言ってもらうにしても、一人が一分話したとして、二五人いれば二五分かかってしまう。実施の時間をどのくらい確保できるかにもよるが、通常は一五人から二五人ぐらいが現実的であり、学校場面の場合には、一ゼミあるいは一クラスぐらいのサイズで行うのがよい。もちろん学年全体とか、あるいは学校全体で行うことも可能であるが、その場合には、それなりの工夫が必要となる。本論ではあくまでも最大限一クラス四〇人ぐらいのサイズの場合を想定している。

b．時間　二時間ぐらい。

二時間ぐらいの時間幅が用意してあると余裕をもって課題を進めることができる。およその時間配分として、実施に三〇分、二人一組でのフィードバックに二〇分、全体で三〇分、感想を全員述べて二〇分、最後にまとめを一五分、場合によっては参加者との質疑応答に二〇分ぐらいはほしい。

どちらにしても大切なことは、ゆったりと体験できるように時間枠を設定することである。急かされてしまうと、自分の内面を味わうことは難しくなってしまう。教示を聞いて、直ぐに行動に移る人もいれば、しばらく目を閉じて自分のイメージに浸ってから始める人もいる。参加者のそれぞれのペースの違いを尊重しながら進めていくことがファシリテーターには求められる。

ただし現実には、学校場面などでは四五分あるいは五〇分、大学などでは九〇分単位で授業が構成されていることが多いので、その場合には全体でというよりも、六人ぐらいのグループを基本単位にして実施する。あるいは、可能であれば二時限を連続して行ったり、終わりに余裕がもてるように、一日の最後の時間に実施するなどの工夫が必要となるであろう。

c. 場所　広めのところ。

場所としては通常の教室や会議室などの部屋は、講義を聴くためにはよいが、全員の顔がみえる状態で、お互いの作品を交流したりするには十分ではない。できれば、一五人から二五人が輪になってそれぞれの顔を見合うことができる場所がよい。したがって体育館や広めの研修室などが適しているということになる。ただ実際は、全員が輪になる広さを確保することは難しく、また体育館などの施設がいつも使えるとは限らないので、教室や会議室などの空間で、b. の「時間」の場合と同様に六人ぐらいのグループに分かれて、グループ毎に行うことになるであろう。

d. 教示　「今の自分の気持ち」を五・七・五の俳句のかたちで表現してください。

教示としては上記のような言葉で参加者に伝える。ただし、必ずしも五・七・五のかたちにこだわる必要はなく、大切なことは「体験を言葉によって表現する」ことであるから、五・七・五のかたちよりも、五・七・五・七・七の短歌のかたちのほうが表現しやすいひとは、そのかたちでけっこうです。さらに五・七・五・七・七の短歌のかたちよりも自分は短い詩のかたちのほうが表現しやすいひとは、そのスタイルでかまいません、ということを参加者に伝える。基本的には表現のスタイルは自由である。ただ少し枠があったほうが表現しやすいというのがこれまでの経験であるので、一応の枠をつくっているまでである。参加者のなかから、枠を破ろうとする試みが出てきたときは、そのことを尊重することが大切である。

なお、参加者のなかには句を上手に創らなくてはとか、あるいは句を創るのに苦手意識が強いひともいるので、決して句そのものを創ることが目的ではなく、これはあくまでも自己表現の手段（練習）にすぎないことを強調することが大切である。したがって、俳句だからといって「季語」や「字数制限」などに厳格である必要はない。要は、今の自分の気持ちを言葉にどのように表現するかどうかである。

e．準備するもの　筆記具と画用紙（Ｂ４サイズ）

筆記具は、青か黒のマジックペンの少し肉厚のものがよい。大きめに、はっきりと書くことができ、書いた作品をみんなに紹介するときに見やすいからである。人数分準備しておいたほうがよい。何人かに一本だと、待たされてしまい、すぐに書き出せないのでタイミングを失ってしまいやすい。

用紙は画用紙がよいようである。もちろん和紙などの本格的なものでもいいのであるが、容易に準備でき、しかも気安く利用できるという言味では画用紙がよい。できあがった句は、画用紙を四つ折りにして、そこに一句ずつ四句書く。もちろん短歌形式のひと、詩歌形式のひとはそれぞれ工夫して書くことになる。

②　手順

a．全員で散歩しながら、お気に入りの場所を探す。

学校場面などで行う場合には、学生はすでに学校のなかにお気に入りの場所をもっているので、散歩しながら、その場所を皆に紹介してもらうことにする。お気に入りの場所は四季の花が咲いている場所であったり、その樹の下で憩うと気分が落ち着く場所であったり、心地よい風の通り道であったりと、学生はそれぞれに、こんな場所があるんだなと思うようなお気に入りの場所をもっていることが多い。

研修会などで見知らぬ場所で行う場合には、周辺の地図を人数分用意して、およそのルートとポイントを決めておき、後は様々な偶然を楽しみながら散策する。したがって、できれば研修会の会場の近くに、散策に向いたどんな場所があるかを企画のときに下調べしておくとよい。

b. 句づくり

散歩が終わったら、お気に入りの場所での体験を句にする。句にできにくいひとがいたら、どのような形でもかまわないことを、再度伝える。

c. 二人一組となり、片方が句の感想を述べる。

句を創った後に、二人一組のペアとなり、お互いの創ったものについて、どんな感じを受けるかを伝え合う。大切なことは「感じたこと」であり「解釈」ではない。お互いが話すなかで解釈っぽいことも入ってくるかもしれないが、解釈はいけませんと禁じる必要はない。基本は感じたことを伝えあうことであり、お互いの感受性に触れ合うことである。相手の句から、どんなことを感じることができるか。力強い感じ、豊かな感じ、不思議な感じ、わくわくする感じ、あるいは戸惑い、拍子抜けした感じ、などを句から感じてみる。そしてその「感じ」を相手に返してあげようと試みることが大切である。

まずは、句を創った本人は、感想を聴くことによって、自分の句がどのように受け止められたかを知ることができる。次に、句についての感想を聴くことによって、自分の句を異なった観点から見ることができ、お互いの交流が始まる。交流のなかで、句を創るもととなった自分のお気に入りの場所の説明や、創った自分の意図や句の説明も加えるなどしてみる。そのことによって、相手との交流をさらに深めることができる。

d. 全員で輪をつくり、各ペアで相手の句をみんなに紹介する。

全員で少し大きめの輪をつくり、二人一組で相手の創った句をみんなに紹介する。自分の創った句ではなくて、相手の句を紹介することで相手に対する理解が、より進むことになる。できれば全員で行うことが望ましいが、困難な場合には六人から八人のグループで行う。

e．最後に、全員一言ずつ感想を述べて終わる。

できれば最後に一言感想を述べてもらうと、体験を全員で共有することができてよい。コメントや質疑応答の時間をとることが可能であればそのような時間を設けるとよいが、できない場合にはこの感想のときに、手短にコメントや補足説明を加えてもよい。ただし、体験を共有するのを妨害しないかたちで述べること。そのためにも、参加者の体験がより認知的レベルで定着するのを助けるようなコメント、あるいは説明となるようにファシリテーターは心がける必要があるであろう。

3　ファシリテーターの留意点

(1)　ペース配分

時間内に終わることが大切であり、そのためには余裕をもってタイムスケジュールを設定する。全員での感想が終わって解散した後に、なおそれぞれ個々に感想を交換するぐらいの時間的余裕があるとよい。そのためにはファシリテーターもできるだけ場数を多く経験して、ペース配分の妙を体得しなければならない。

慣れないうちはどうしても、単にプログラムを消化しようとして、ファシリテーターは参加者を急がせがちとなりやすい。あくまでも、このアプローチの主眼は「プロセスに創造的に関わること」であって、時間を消費することが目的ではない。また創ったものを通して、自分や他者の気持ちと交流するのが目的である。ファシリテーターは最もペースの遅い参加者になったぐらいのつもりで、メンバーのペースについていくとよい。

したがって、本論では創句を材料としたアプローチを紹介しているが、どんな課題を選択するかはファシリテーターにとって重要である。あまりファシリテーターが親しんでいない課題は避けたほうがよいし、メンバーが感想を十分に交換できにくい課題も適切とはいえない。時間を有効に使うことにならず、メンバーにただ難しいことをやったという印象ばかりが残ることになる。よく知られている課題だからといって、必ずしもやりやすいとはかぎらない。

(2) ピア・カウンセリングの観点

創られたものを材料として組になった二人が、お互いの「作品」を披露しあいながらお互いを知り合うという意味では、この試みはピア・カウンセリングとしての側面をもっている。

句から感じたことを手がかりとして交流するのであるが、感じたことを率直に述べることは意外と相手の心理の核心をついている。相手の楽しさ、愉快さだけでなく、自信のなさや弱気な面あるいは躊躇していることなども句から直感的に感じとるのであろう。したがって、そのような自分の内面を感じ取ってくれた相手に対しては、自分を語るに足る相手だとの信頼感をもつのかもしれない。逆に、あれこれ詮索されたり解釈ばかりが続く時間になってしまうと、ペアの関係はピア・カウンセリングとしての側面を失ってしまう。

したがって、ファシリテーターとしては、創られた内容（contents）をあれこれ詮索するよりも、創られる過程（processes）を、二人で共有することが大切であることを、繰り返しメンバーに伝えていくことになる。

(3) ウォーミングアップ・セッションの準備

時間的余裕があるときには、いきなり課題に入るよりも、自己紹介をウォーミングアップとして行うと、場の雰囲気が和やかになる。その後、二人でペアをつくり課題に入るとスムースに導入することができる。ファシリテーターとしては、場にカタさを感じたときには何らかの工夫が要る。多くの場合、何が行われるのだろうとメンバーは期待とともに不安を感じているからである。ファシリテーターが、その場から、硬さを感じたときは、参加者であるメンバーも硬くなっていると思ったほうがよい。もちろん、ファシリテーターが場のカタさを感じとることができての話である。

(4) 「のり」の悪い参加者あるいはグループには言葉かけを行う

ファシリテーターは各参加者や各グループの動きを観察して、もしメンバー同士の交流が活発でなく、グループの盛り上がりに欠けるような場合には、言葉かけなどを適宜行い、積極的に介入するほうがよい。グループに分かれて進行する場合には、どうしても各グループ間で、「のり」に差ができてしまう。もりあげるのが上手なメンバーがいるグループでは、歓声があがり、笑い声が絶え間ない。しかしながら、そのようなメンバーがいない場合には、おとなしいグループとなってしまい、感想を述べるにしても必要最小限のことを言って、すぐに終わってしまうことになりやすい。のっているグループの場合には、感想を述べる時間をひとり五分としても、通常は五分を越えがちであるが、のらないグループの場合には、五分をもて余してしまう。結果として、他のグループがもりあがっているのを羨ましそうに眺めていたりする。

このような場合には、ファシリテーターが参加して、メンバーの句の感想を返してあげるとよい。そして他のメンバーとファシリテーターの感想を比較して，共通した着眼点や差異点を指摘してあげると，グループが活性化する。

(5)　ファシリテーターの参加について

参加者の「のり」が悪い場合には，ファシリテーターがメンバーといっしょに句を創って，積極的に参加したほうがよい。参加者の「のり」が良い場合には，ファシリテーターは無理に参加せずにメンバーに任せ，進み具合をチェックする側にまわる。ただしその際に，その場では創らなくても，それまでに創った経験は必ず持っておくことが望ましい。ファシリテーターも創った経験を持っていたほうが，参加者の気持ちを共有しやすいからである。

また，実施するときに，ファシリテーターの他に，コーディネーターあるいはコ・ファシリテーターとして複数のスタッフがいると，ファシリテーターが課題のなかに参加する事態が生じたときに対応しやすい。そうでない場合には，ファシリテーターが参加してしまうと，時間配分などのマネジメントや他のグループの進行具合を，ファシリテーターが把握することが困難となってしまう。

できれば，ファシリテーターの他にスタッフが参加してくれると，いろんな事態に柔軟に対応することができる。

(6)　必ず自分のひと工夫を加えること

ここで述べられていることは，あくまでも参考として紹介しているのであって，決してこのまま用いるのではなく，自分自身で必ず一味つけることが大切である。教育や臨床場面での技法というのは，相手次第という面が強く、相手を見ずにそのまま適用しようとしても成功することは少ない。したがって技法を自分に馴染むように工夫する努力が求められる。

たとえば、二人一組で感想を語り合う場合も、ピア・カウンセリングとしての可能性を指摘したが、そうであれば、ピア・カウンセリングとして二人の関係をさらに深める様々な方法が考えられるであろう。また、体験を言葉に定着させる試みは必ずしも創句ばかりではない。どのような方法が自分自身のアプローチとしてふさわしいか、工夫の余地がある。さらに、最後の全員で感想を共有する場面はグループカウンセリングの場面と考えられなくもない。グループカウンセリングとして運営するということであれば、何を目標とするかによって様々なアプローチが可能となる。たとえば、自己理解を中心とするのか、あるいは対人関係に焦点をあてるのか、どちらに重点を置くかによって、同じ創句を材料としても、異なった展開が生じるであろう。おおいに工夫の余地があるところである。

4　実施上の留意点

(1)　実施のタイミング

実施のタイミングとしては、友達と関わりたいけど、どのように関わるとよいのかきっかけがつかめないときが最もよい。嫌がるのを無理に実施しても効果があがるという性質のものではない。また、実施する側に「これはやってみると、とても面白いです。やってみるだけの価値があります」といった自信が必要であろう。実施するほうが不安をもっていると、参加するほうも躊躇することになりやすい。

(2)　目的や内容をいつ伝えたらいいか

実施の内容については、参加者には伝えたほうが余計な不安をもたずにすむ。かといって細かく伝えることも難しいので、どんな目的でどんなことを行うのかといった簡単な輪郭だけを案内しておくとよい。それでさらに詳しく知りたい参加者には、個別に対応するぐらいがよいであろう。

案内する時期としては、前の週に次週の案内として伝えるぐらいで、あまり早すぎもしないし、遅すぎもしないぐらいの時期がよい。

このアプローチは、決められたプログラムを消化することが目的ではなく、プロセスを通して学ぶことが目的であるので、プログラムを前もって決めていても、参加者のプロセスの進み具合によっては、プログラムを変更することが起こりうる。したがってプログラムを説明する場合も、進み具合によっては変更がありうるということも説明しておいたほうがよい。

(3)　創る場所はどんなところがいいのか

どんな場所でもよいというのではなく、あくまでも自分の「お気に入り」の場所であるというのが、この場合の大事なところである。すなわち本人の体験を動かすほどの何かが、そこにはある場所ということになる。そのような場所であればこそ実感をもって創りやすいのである。したがって「お気に入り」の場所としたほうがよい。

もちろん、お気に入りの場所をみつけたとしても、句を創るのが困難な参加者もいるので、その場合は、「とにかく何でもいいから言葉にしてみてください」と、まずは言葉に出すことを勧める。これまでの筆者の経験では、そうやって創り始めてみることで、体験が動き出し、言葉への連想を刺激することになるようである。

(4) 句の感想などのときに、ネガティブなフィードバックを受けた場合

原則的にはグループのなかで話し合い、参加者のあいだでネガティブ体験を共有しあうことが大切である。またグループの時間内で収まらなかったり、グループの後に、そのようなことがわかった場合は、ファシリテーターが個別に話し合いフォローを行う。

ネガティブなフィードバックとして参加者が受け取りやすいのは、感想が率直だった場合ではなく、むしろ解釈や評価が過剰になった場合に起こりやすい。創ったひとの意図や気持ちとは異なったかたちで受け止められたときである。したがってファシリテーターとしては、創られた句の解釈や評価よりも、率直な感想のほうが尊重されることをメンバーに伝えなければならない。この試みは、決して創られた句の上手・下手を評する場でなく、創られた句をとおして、お互いの気持ちを共有しようとする場であることを説明し理解を求めなければならない。

また、ひとつの手としては、実施の一連のプログラムのなかに、ポジティブ（肯定的）フィードバックの課題をいれておくのも一案である。ネガティブなフィードバックはだめだぞということではなく、むしろポジティブ（肯定的）フィードバックを積極的に活用することを促進するのである。

なお、ファシリテーターはネガティブ体験に対して配慮はしなければならないが、ファシリテーターがあまりにネガティブ体験に対して神経質になりすぎては、かえってプロセスを進めるうえで逆効果である。

(5)　創った句を壁などに張り出したほうがよいのか

句を壁などに張り出した場合には，どうしても句の品評会になってしまいやすい。あくまでも，句が主人公ではなく，創ったひとの気持ちが主人公であり，その気持ちをその場で味わい，共有することが目的である。したがって，句を壁などに張り出したりなどを行う場合は，そのグループアプローチが行われている場所で行うほうがよいであろう。その場所であれば，参加者がそこで起きたこと（プロセス）に参加することが可能であるからである。たとえば，自分のグループ以外の他のグループの参加者が，創られた句をみて感想を述べたり，あるいは創ったひとも，さらに感想を返したりといった交流が生まれるであろう。そのような交流を共有することが，このアプローチの主目的でもある。

全員が描いたものを共有する方法として筆者がよく行うのは，全員が創ったものをフロアに大きな円にして並べ，その回りを全員で移動しながら鑑賞するという方法である。句の周囲をまわりながら，句についてのそれぞれの思いが自然と口について出る。したがって，これを全員で感想を述べる時間の前に行うと，場がよい雰囲気になりやすい。

(6)　評価をどうするか

最も直接的な手がかりとしては，参加者の顔の表情やしぐさなどである。表情やしぐさは，すぐにその場で反応として出るし，アンケートみたいに改めて実施する必要もない。ファシリテーターがプロセスを進めていくうえで手がかりとしているのも，結局のところ，表情やしぐさであろう。

ただ，ひとりひとりをみるのは限界があるし，表情やしぐさに出すのが苦手な参加者もいるので，終わってから簡単な感想文を書いてもらうのがいいだろう。感想文を書いてもらうと、カタい表情で参加していたひとが、意外と意味ある体験をしていたり、笑顔のひとが意外と内面では、満足度が低かったりといったことがわかったりすることもある。

なお、効果をみるための組織的なアンケート調査は、参加者の負担にならない配慮が必要である。参加者が良い体験をすることが第一義であり、膨大な調査のために参加者の時間が奪われることのないように企画するべきである。

5　考　察

(1)　プロセスを味わうこと

エクササイズ（課題）を単に消化するのではなく、プロセスを味わうことが大切である。ゲームやレクリエーションは、どちらかといえば、プログラム化されたエクササイズ（課題）を消化することにエネルギーが費やされやすい。しかしながら、ここで紹介しているグループアプローチの場合には、単にエクササイズ（課題）を次から次に消化するのではなく、エクササイズ（課題）を通して、そこでどんな体験をしたかプロセスを味わい、意味を探ることに意義がある。終わったあとに消化した疲労感が残るのではなく、何となく励まされる感じやそれまでには感じられなかった内的体験を感じとることができるなどの、新しい心理的体験が生まれるのを尊重する。

グループアプローチは、あくまでも人間をひとつのかたち（エクササイズやプログラム）に押し込めようとするのではなく、プロセスを通して人間の可能性を引き出すための試みである。したがって、エクササイズやプログラムを運営していくうえでは，ファシリテーターの柔軟性が求められる。参加者がそのプログラムのなかで，どのようなプロセスを体験しているのかについて，ファシリテーターの感受性が大切となる。あらかじめできあがったエクササイズやプログラムを進行させることだけに心を奪われるのではなく，参加者ひとりひとりの表情やしぐさなどから，参加者は今何を感じており，次にどのようにプロセスを展開させることが，参加者の可能性を拡大するのかについて，見通しをもてることがファシリテーターの能力として要求される。

(2)　身体・イメージ・言葉

人間を「全体」として捉えるほうが人間の可能性を考えるうえで有効である，というのが私の立場である。参加者は身体の一部だけを使って学ぶのではなく，身体全体で学ぶことが尊重される。したがって，コミュニケーションにおいては，できるだけ使えるチャンネルは使っていく。使えるチャンネルが多ければ多いほど，様々な試みが可能であるからである。コミュニケーションのためのチャンネルを「言葉」だけに限定するべきではない。

少なくとも，身体を通してのコミュニケーション，イメージを通してのコミュニケーション，言葉を通してのコミュニケーションの三つぐらいは，コミュニケーション・チャンネルのレパートリーとして用意したい。

身体を動かしてみることによって，当然のことながら，イメージや言葉にも影響が出てくる。したがって企画する側は，身体を動かすことを前提として場所を選択することが望まれる。参加者にとって，その場はイメージを自由に漂わせ，自分や他のひとと気兼ねなく言葉を交流するのに適した場所であるかどうか，を確認しておく必要がある。

⑶ 人間性教育としてのグループアプローチ

グループアプローチは体験による人間形成である。自分が今感じていることは、どんなことなのか。そのことを相手に伝えるにはどうしたらいいのかといった「自己表現」と「対人コミュニケーション」を学ぶ機会をグループアプローチは提供する。

ロジャーズ（Rogers, 1961）やマスロー（Maslow, 1970）などの人間性心理学の泰斗が、時代は単なる物質的な欲求満足から、自分のこころに合った特定の欲求に合致するかどうかを行動（価値）の基準とする、いわゆる自己実現の時代へ向かっていることを指摘して、すでに半世紀が経っている。

現代を生きていくうえで、単に社会が求めているものに対して自分を合わせていくだけではなく、自己の欲求をどのように社会のなかで実現していくかが、生き方として問われ続けている。すなわち、社会に対して「自分の気持ちを、自分の言葉で、相手に伝わるように、自己表現あるいは自己主張できる技能（スキル）」をもっておくことが求められている。

したがって、このような自己実現の時代の人間性教育（humanistic education）として、グループアプローチは最も適合した側面を有している。ロジャーズとフライバーグ（Rogers & Freiberg, 1994）は人間性心理学の立場から自らの実践を報告しているが、特に人間性教育におけるリーダーの在り方に特色がみられる。人間性教育としてのグループアプローチにおいては、その成否は、リーダーが学習者のひとりとして、プロセスを参加者とともに味わうことができるかどうかにかかっている。

このことは、言い換えるならば、グループプロセスのなかにおいて、参加者自身が自分の可能性を引き出すために、自分自身に対してリーダーシップを発揮するのを、ファシリテーターが援助することができるかどうかであるとも、表現することができるであろう。

文献

安部恒久　一九九五　アメリカのスクールカウンセラー制度について　村山正治・山本和郎編　スクールカウンセラー　ミネルヴァ書房

安部恒久　一九九九　ベーシック・エンカウンターグループ　現代のエスプリ　三八五号（野島一彦編　グループアプローチ）　至文堂

安部恒久　二〇〇〇　スクールカウンセラーとグループアプローチ　現代のエスプリ別冊（村山正治編　臨床心理士によるスクールカウンセラー）　至文堂

Baker, S. B. 1999. *School Counseling for the Twenty-First Century.* 3rd Ed. Prentice-Hall.

北原福二　一九九九　中学校におけるグループアプローチ　現代のエスプリ　三八五号（野島一彦編　グループアプローチ）　至文堂

國分康孝編　一九九二　構成的グループ・エンカウンター　誠信書房

Maslow, A. H. 1970. *Motivation and Personality.* 2nd Ed. Harper and Row.

本山智敬　一九九九　高校生を対象とした非構成的エンカウンターグループ　日本人間性心理学会第一八回大会発表論文集　九〇-九一頁

水上和夫　一九九九　小学校におけるグループアプローチ　現代のエスプリ　三八五号（野島一彦編　グループアプローチ）　至文堂

野島一彦編　一九九九　グループアプローチ　現代のエスプリ　三八五号　至文堂

Rogers, C. R. 1961. *On Becoming a Person: A therapist's view of psychotherapy.* Houghton Mifflin.

Rogers, C. R. 1970. *Carl Rogers on Encounter Groups.* Harper & Row.

Rogers, C. R. & Freiberg, J. H. 1994. *Freedom to Learn.* 3rd Ed. Macmillan College Publishing Company.

Schmidz, J. J.　1996.　*Counseling in Schools, Essential Services and Comprehensive Programs.* 2nd Ed. Allyn & Bacon.
白井聖子　一九九九　高等学校におけるグループアプローチ　現代のエスプリ　三八五号（野島一彦編　グループアプローチ）　至文堂

第9章

孤立した母親への支援

不登校児をもつ母親へのグループアプローチ

1　はじめに

本章は、私が不登校児をもつ母親に対して行ったファシリテーター体験である。「私が私になるためのプロセス」（第6章）で述べたように、私は「寄り添う体験」の大切さをラホイヤプログラム体験で経験した。この不登校児をもつ母親へのグループ事例はその体験の延長線上にある。

困った子どもを抱えている母親にとってどんな援助が必要なのであろうか。確かに、子どもにどう接したらよいかについての専門家による助言・指導は重要である。しかしながら母親にとってはそれと同じほどに、自分の抱えている悩みについて気楽に話せる仲間の存在は大切であろうと思われる。というのも、いわゆる問題児あるいは障害児と呼ばれる子どもを抱えた母親たちは、社会から孤立しがちだからである。世間に対して後ろめたさを感じずにはおれない状況に追い込まれやすい特徴をもっている。ややもすれば、「甘い親」「しつけのできない親」として悪者（わるもの）にされかねない。

専門家の重要な役割のひとつは、困っている親を悪者にすることによって、さらに苦しめるのではなく、

表2　母親と子どもの状態像

母親（年齢）	子ども 性別（学年）	子どもの状態
A (39)	男（中3）	小学校6年生の3学期よりぜんそく発作をきっかけに休みがちになり来談する。中学入学後，1年生の3学期より休みが本格化し長期化する。
B (35)	男（中3）	小学校4年生の頃カゼなどをきっかけに休み，その後，断続的に休むことが重なり来談。小5，小6と同じ状態。中学に入ってからは，中1，中2と数日しか登校していない。
C (38)	男（中3）	小学校では休むことが少なかったが，中学1年生の2学期より急に行かなくなり来談。しつけがきびしかったからだろうか，と母親は訴える。
D (41)	女（中2）	小学校1年生に入学して，給食，友達関係をきっかけに頭痛等を訴え休みがちになる。しかし，一週間のうち2～3日休むぐらいであり，まったく行かないということはない。2年生以降は休むことが少ない。中学に入って，最初の中間試験をきっかけに，また不連続的に休むようになる。
E (39)	女（中3）	小学校のときには休むことはみられなかったが，中学に入ってクラス編成をきっかけに頭痛等を訴えて行かなくなる。それ以後，月に半分程度休む状態が続く。

親が子どもと接する元気をとりもどすための「拠りどころ」を提供することである、と私は考える。

本章では、私が試みた不登校児をもつ親へのグループアプローチを提示し、グループアプローチの意義、ファシリテーターのメンバーへの働きかけについて検討したい。

2　グループ構成

(1)　時間と期間：週に一回一時間〜二時間、通算三〇回、一年間。

(2)　メンバー構成：不登校児をもつ母親五名とファシリテーター一名（筆者）の六名（父親および子どもが後半に参加した）。（表2を参照のこと）

(3)　グループ形態：閉鎖集団（closed group）であり、途中から新しいメンバーを加えることはしなかった。ただし、家族の参加は自由とした。

(4)　対象の特徴：中二（一名）と中三（四名）の五名。男児（三名）と女児（二名）の青年期前期の子どもをもつ母親グループである点が特徴である。

(5)　グループ運営の方針：セッションの回数は当初一〇回で一区切りとし、母親同士の体験を交換できる場として設定した。

3　グループの発展過程

(1)　開始までの経過

不登校児に対して個人面接を行っていたが、中学二年、三年となると来談しない場合が多く、母親だけの来談のケースが目立ってきた。しかも、二〜三年間と母親面接は長期化する傾向がみられ、相談面接に対する動機づけは弱くなり中断しやすくなっていた。これらの中断を防ぎ、何とか接近可能である母親を通して子どもにアプローチしようとすることがねらいであった。実際に、母親は不登校が長びいた子どもをかかえ困っており、何とかしたい希望をもっていた。

そこで、母親のみが来談している長期化した不登校児（中学二、三年）に対して参加の呼びかけを行った。これに対して五名の親から参加希望が出され、グループアプローチが開始された。

(2)　グループプロセス

第Ⅰ期　仲間の発見――余裕の獲得　第一回〜第一五回（五月〜九月）

第一回から第四回までは自己紹介セッションであり、親同士がお互いに顔見知りになる時期である。母親たちはそれぞれ自分の子どものことをほかのメンバーに紹介するとともに、自分のことも紹介する。同じ悩みをもった母親の話に耳を傾けるのは初めての経験であり、頷きながら聴き入っていた。

ファシリテーターはこの間に運営の原則（時間、場所、回数、参加の形式等）について、適宜、オリエンテーションを行った。また母親たちが知り合いになるために、できるだけ全員の母親に発言の機会をつくるように配慮した。ひとりの母親だけが話しすぎたり、また、押し黙ったままセッションを終えることのないように各々の母親に発言を求めた。

　四回目に母親が全員そろい、グループのなかでどういうことを行っていくか、また母親は期待しているかを話し合った。そのときに子どもと接するための具体的な技法を教えて欲しいという要求が出された。それで五回目、六回目はカウンセリング技法（共感的応答とフォーカシング）の講習となった。しかしながら、技法の習得は母親たちにとって難しかった。なかなかうまくいかないということで、グループの話題は自由な討議へと移っていった。

　したがって、第七回、第八回、第九回は特別に何かをするということは決めないで、母親の体験あるいは今の気持ちといったものを中心にグループが進む。このなかで出てきたのは学校の担任教師への強い不満であった。Dさんは次のようにグループのなかで述べた。


　私、きのう言いました。（子どもが学校に行かなく）なったものでないとわからないって。なったものに話したらわかるけどね。行ってるひとにはね、絶対わからないよ。もう甘やかした、甘やかしたってしか言わないでしょうって……。


　Dさんは教師から「お母さんは甘い」といって責められていた。「子どもが家の中にいるのは、親の態度が甘いからだ。子どもが家の中に居られないようにしなければ」と急き立てられていた。母親にとっては、わかってもらえない辛さでいっぱいだった。

　しかし、同じ悩み（子どもが学校に行かない）をもつ母親の受け答えは違っていた。自分の話に「そうだ、そうだ」と声を出して頷きあい、涙を流すことができた。自分の体験を強く受け止めてくれる身近な仲間の発見であった。この受け止められ体験は母親同士の間に「話したらわかってもらえる」仲間意識を築いていった。

母親たちはこの仲間意識を支えとして，自分の子どもに対する態度を振り返った。以下は，第八回目で，ひとりの母親が「『学校に行くとお母さんの態度が違う』と子どもは言うけど，私には，なぜ，そう言うのかわからない」と訴えたときのやりとりである（A・B・D・Eはメンバー，Faはファシリテーターである）。

［第8セッション］

教師はわかってくれないという話がひとしきり続いた後で，

D：それでひとつ私なんか気にしていることはですね。学校に行ったら，お母さんの態度が変わるって（子どもが）言うのがおかしいんですね。

Fa：学校に……。

D：息子が学校に行くでしょう。そしたら今の態度と違って，ほかの態度が出るっていうわけですよ，学校に自分が行くでしょう。

Fa：子どもが行ったら？

D：えー，そしたら自分に対しての態度が変わるって言うんですよ。

B：それは出るようですね。

A：ほっとしたとき……。

D：自分なんか，わからないわけですよね。

Fa：お母さんが。

D：うーん，わからないわけですよ。「ぼくが学校行くと，お母さんの態度が変わるって」，どこが変わるか教えてっていうのですけどね。
Fa：お母さんは自分自身じゃあまりわからないわけですね。
D：わからないんですよ。学校に行ってもいいけど，お母さんの態度が違うっていうんですよ。それでどこか態度が違うかなあって思って……。
Fa：どこが変わるんでしょうかね。
D：それを言わないんですよ……。何が違うんでしょうね。
A：私，それ自分でよくわかります。
B：それわかるね，自分でわかる。
A：行ってないときより，ちょっときついなあって。態度が全然違う，違う態度をとっている。私は自分でよくわかる……。
D：うーん。あれしなさい，これしなさいって言うからでしょうかね。
A：できると思ってでしょ。
D：うん。
B：あー，行きだしたから。
Fa：あー，なるほど。
D：そうかもわからないですね。
A：できると思って，あー，あれもこれもって要求するので，ついついこう言ってるんじゃないですか。
D：そうかもわからんね，自分が仕事して忙しいあまりに，ほら，みられないでしょう。それで，ポンポン出てるのでしょうね。
E：自分ではそれ気がついていないんでしょうねえ。

D：うーん、両方にあれするからでしょうね。なるほどそうかもしれないですね。
E：やっぱり行ってないときは何も言ってないでしょう、結局。
D：うん、そうですねえ。言ってないですねえ、御飯食べんね、何せんねって言うぐらいで。
E：やっぱりそういうふうに……。
D：そうかもわからないですね。
A：やっぱり、つい嬉しいと、こう（笑い）親は、今日は行ってくれたってホッとして、何かほら、何でも調子にのって、つい言いたい。それはわかりますね、私だって。
D：そうかもわかりませんね。

以上のように、母親たちは子どものことで「気になっていること」をわかってもらえる仲間に訴え、それぞれ自分の体験をもとに受け止め合った。

第一〇回目はグループ開始時に約束した最終回であるために、これまでのフィードバックと今後どうするかについて話す時間をファシリテーターはとった。母親たちはこのグループでは他人の話を聴くのが楽しみであり、参加してから子どもとぶつかることが少なくなったと語り、グループを継続してほしい旨を希望した。

あらたに一〇回のセッションが設けられた。母親たちは仲間を見つけたことで子どもと接するのに余裕ができたようであり、また、ちょうど折から夏休みに入ったため、「登校」について不必要に悩まずにすんだ。母親たちはこの夏休みを利用して、できるだけ家族の接触を多くしようと動き始めた。第一三回目が八月下旬にあり、それぞれ夏休みをどのように過ごしたかを母親たちは語った。Dさんの家族では子どもが父親の仕事を手伝い、父子の接触が活発となっていた。また長い間のDさん夫婦の懸念であった散髪を、子どもはした。Bさんのところでは、子どもは近くの海へ父親と釣りに出かけていた。Cさんのところでは、子どもは父親とともにソフトボールに興じていた。Aさんのところでは、子どもはソフトボールの地区のチームに入って、黒く日焼けをしていた。Eさんのところは母親と料理やケーキ作り、ショッピングなどを媒介として親子の接触が行われていた。

このように家族との接触を盛んにしようと努力する一方で、母親たちは、以下のように、子どもから積極的に「離れよう」と試みる。Dさんは父親と子どもとの夏休みのアルバイトを通してのつきあいを一歩引き退がってみつめようとする。Aさんの場合は勤めに出る。Cさんの場合にはママさんバレーに参加する。Bさんの場合には近くの母親同士の集まりに参加する。Eさんの場合はパートの仕事に出る。このように何らかの形で母親たちは子どもから離れようと試みる。母親たちは家族の接触を多くしようとしたり、また離れたり、一見、矛盾する行動を繰り返すことで、子どもとの適切な距離をとる練習をしているかのようであった。

第Ⅱ期　仲間による支えあい——親としての覚悟　第一六回〜第三〇回（九月〜翌年三月）

母親たちはグループの仲間に支えられて、子どもや父親に積極的に働きかけ自ら動いた。当然のことながら、そのことは教師との人間関係に、また子どもとの母子関係にも影響を与えた。さらに母親自身の内的体験にも変化が生じた。ある母親は教師との人間関係の変化について、グループのなかで次のように述べた。

［第16セッション］

私、思ったんです。先生や学校のことばかり考えると子どもにバーッと言いたくなる。もういい、先生は先生って思って……。私は私って思ったから、自分で自分なりに接していくって思ったから……。少し気も楽になったし、自分も楽になった。

Aさんはまず教師への依存を断つ決意をし、「自分なりに」子どもに接していく宣言をした。また、その結果、子どもに接する態度に変化が生じた。そのことを次のような子どもとのやりとりで紹介した。

A：それで土曜日の晩も、お母さん変わったって言うわけですね。
D：うん。
A：お母さん変わったって、どうしてって言ったら、「相談所に行くようになってから変わった」と言うわけね（一同笑い）、良い方に？　悪い方に？って言ったら「悪い方に」って言うわけね（一同笑い）。それでね、今までがベッタリで何でも言うままに、ああして、こうしてって言ったのをずっとしてきてやってきたでしょう。……教えてって言ったの。悪いところがあったら直さないといけないので、悪いところを言ってと聞くと、「私が疲れて寝ているのに起こすなんて、（お母さんは）前はそうしなかったって」「まだある、よく自分で考えたらわかるでしょ」って言うからね（一同笑い）。……そんな感じですね。
D：やっぱり、子どもは見ていますね。どこも一緒だわ。
A：言うこと言ってから、パーッと二階にあがって、「相談所行くようになって変わった」って言って。
Fa：変わったって感じがあるんでしょうね。子どもも、どこが違うって細かく言えないでしょうけどね。
D：ちょっとやっぱり変わってますね。自分でもわかりますね。
Fa：まあ、でも、ちゃんと子どもがお母さんと言い合いができればいいと思いますね。お母さんとケンカできるようになるとですね、子どもは強くなってきてるし……。
A：今までケンカってことなかったですからね。全然、相手が言わないから……。
Fa：だからお母さんも、あなたも変わったって言ってやればいいと思いますね。

母親はそれまで悪口を言いながらも依存していた教師からの自立を開始した。母親は、親として、自分の子どもについて教師に頼ることなく「自分なりに」接していく覚悟をした。

二度目の一〇セッションが終わり、さらに次の一〇セッションに入る。すでに一一月の中旬となっており、子どもたちは進路決定を迫られ、親たちも頭の痛い時期となっていた。母親たちにとって、子どもが進路について意志表示をしてくれればやりやすいのであるが、そうでない場合には「子ども待ち」ということになり、親として動きようがなかった。たとえばDさんの子どもは、校長先生に「学校に行くことは約束できません」と述べるなど、はっきりと自分を主張し始めた（第一八回）。また父親に対しても「自分は高校に行きたい」などの意志を示した。しかしながら、Bさん、Cさんの子どもは、どうしたいのかについては、親がたずねてもはっきりしなかった。

Bさんの家族では、母親は父親と協力して子どもを相談に連れてきたり、また父親に学校に引率してもらうなど積極的に関わった。しかし、子どもは迷っており、自分自身の進路について決断を下すにはまだ時間が要った。

Cさんのところでは、子どもがどうしたいかについて、親は子どもの気持ちを汲み取りかねていた。父親もソフトボールなどを通して子どもに関わってはいたが、学校のこととなると子どもは口をつぐんだ。Aさんのところは登校を続けており、二年生ということもあって、進路についての心配は当面しなくてすんだ。Eさんのところは高校進学を子どもは希望していた。ただし、普通高校にするか、商業高校に行くか迷っていた。母親たちは焦りやいらいらを感じざるをえなかった。母親たちはグループのなかで、それらの焦りや不安といったものを述べ、メンバーで相互に支えあった。そのことは、子どもが登校した場合にも同様であった。子どもが登校したからといって、親は喜びばかりではなかった。

次の場面は、Ｄさんの子どもが登校したときのメンバー同士のやりとりである。

［第26セッション］

Ｄ：何も言わないで、朝、学校行くとも言わないで、ふっと行くのだから。前の日に明日ぐらい行くよって言うのなら、ちょっと安心感があるんですけどね。何も夜まで言わないで、朝六時半にぱっと起きて、七時頃から、うろうろして、さあっとカバン持って、御飯食べて、カバンの用意して……、もう汚れているわけですよね。「お母さん、ちょっと拭いて」って。そのなかに荷物入れて用意して、そっと出ていったですね。

Fa：お母さんとしても、ちょっとほっとした……？

Ｄ：恐いばっかりです。いつ何が起きるか。

Ａ：はらはらするもんね。

Ｄ：帰ってきても、仕事してても、はらはら、はらはらして。顔みていて、はらはらして……。それしかできないでしょうけどね、何かやっぱり恐いですね。

これに対して、子どもが登校を開始した体験をもつＡさんが、Ｄさんに以下のようなアドバイスを送った。

Ａ：もう、かわいそう。今度は親のほうがかわいそうなくらい。こんなにして行っているのだろうかと思って……。今度はこっちのほうが、かわいそうなようだった。力いっぱい行ってるんだろうなと思って……。やっぱり、今からあるよ、ちょこちょこって休んだりするときが……。やっぱり疲れるからね。そんなときはね、あわてないようにしないと。つい言いたくなるから。ずっと行っていたのが一週間に一度、間

（あいだ）に行かないと……。やはり……。

Fa：まあ、お母さんも、だから今は静かに見守っていていいんじゃないでしょうかね。そりゃ疲れたら、ちょっと休むかもしれません。今日、行ってるから、金曜、土曜もどうせ半ドンだし……。

D：半ドンだからね。そうですね。明日まで半ドン……。土曜日も半ドンですからね。

親は子どもの決断を「はらはら」しながらも、じっと見守るしかないのかもしれない。このことは、親にとっては辛抱強さが要求されるに違いない。続いてDさんは述べている。

D：（子どもが）大きな声で、家を継ぐって言ったんですよね。で、私も黙って何も言いませんでした。

このころから、親たちの支えあいはセッションのなかだけでなく、お互いに電話をかけたり、相手の家に出かけたりなど、セッション外でも活発になっていった。

(3)　フォローアップ

その後、年度が変わって、フォローアップの意味で各家庭に電話した。五人の母親の子どもたちは以下のような状況であった。Dさんの子どもは卒業し、家業を継ぐために専門学校に入った。Bさん、Cさんの子どもは卒業し、高校を目指して浪人中であり、予備校に通うことを検討中であった。Aさんの子どもは、校区変更のため転校したが、母親が心配するほどのこともなく元気に登校していた。Eさんの子どもは、卒業後、専門学校に進学。親が今までの中学生活がウソみたいというほどに張り切っていた。

表3　母親の「余裕-覚悟」プロセス

A1	第1段階　「余裕」獲得のプロセス（A1～A2）
	1　「子ども（の問題）」にとらわれている（「とらわれ」体験）
	2　「子ども（の問題）」を他の母親に話す（共感体験）
	3　「子ども（の問題）」をグループに引き受けてもらう（共有体験）
A2	4　「子ども（の問題）」との距離ができる（「離れる」体験）
B1	第2段階　「覚悟」獲得のプロセス（B1～B2）
	1　「子ども（の問題）」をみつめる（新たな認知体験）
	2　「子ども（の問題）」について理解を深める（「気づき」体験）
	3　「子ども（の問題）」に取り組む（「覚悟」体験）
B2	4　「子ども（の問題）」との格闘（「ふんばり」体験）

4　考　察

(1)　親へのグループアプローチの意義

本グループアプローチの最も大きな意義として、親の仲間体験があげられる。親の訴えを無理なく受け止め得るのは、同じ悩みをもった親であるに違いない。親たちは本グループに参加することにより、悩みを分け持ってくれる「仲間」を発見した。

仲間を発見したことにより、家庭のなかで子どもとの「息詰まった、暗い」余裕のない関係を脱出する手がかりをつかんだと思われる。すなわち、家庭では子どもについ愚痴をこぼし、あるいは不満や不平をぶつけてしまい、子どもとの人間関係は、険悪なものになりがちである。そのような不満や不平を、同じ悩みをもつ仲間たちにぶつけ、受け止められる体験は、母親たちにとって、単に感情の吐露にとどまらず、母子がかかえている問題に直面し、ふんばるだけの余裕を生みだしたものと思われる。

グループ体験における以上のような心理的変化を、母親の「余裕-覚悟」獲得プロセスとして、表3および図9に示した。

息詰まった親子関係にとって、まずは何が必要かといえば、抱

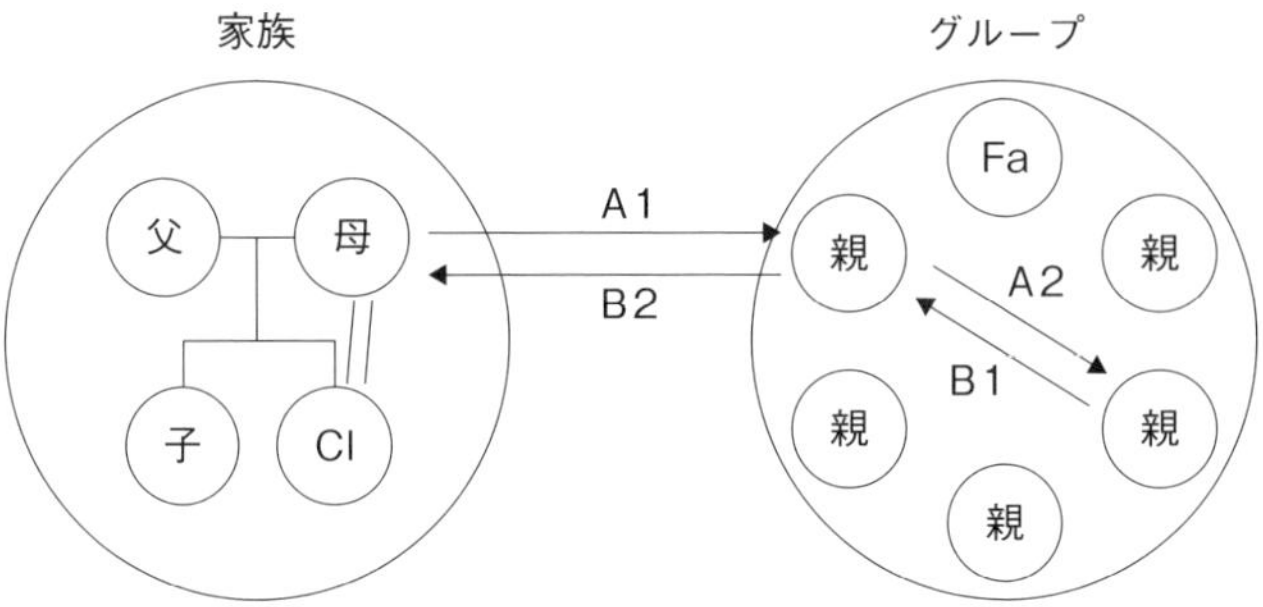

図9　家族と母親グループの関連

えている問題を分け持ってくれる仲間であろう。そのことによって、とりあえずは心の負担が軽くなるのである。子どもと接するのに余裕をもつことが可能となるのである。確かに、親はその過程で子どもの不登校を教師や専門家のせいにすることが、一時的にみられる（光岡　一九七三、小野　一九八一）。

しかし、それも親としてはとりあえず、そうせざるをえないほどに心の状態が辛苦に満ちたものであることを表現しているのではなかろうか。誰か私の辛さを分かち持ってくださいというサインとして理解することが可能であると考えられる。

通常、親が子どものことを親同士の会話のなかで談笑することは、親の楽しみのひとつでもあろう。しかしながら、とくに本グループに参加した親たちのように不登校が長期化した子どもをもつ場合には、親は子どものことを話題にすることを避け、親同士のつきあいに妙なわだかまりを感じている場合が少なくない。自分の子どもを話題にすることに自信がないのである。親としてはどうしても孤立してしまいがちであるし、子ども同様に、家に閉じこもりがちとなってしまいやすい。「学校に行ってない子どもをもった親でないとわからない」というグループのなかでの親の訴えは、わかってもらえない悔しさに満ちていた。そして親子が閉じこもればこもるほど、お互いが感情的にぶつかりやすいという悪循環に落ち込んでしまうことになる。

しかしながら、親たちはグループ体験で「分け持つ」仲間を発見したことにより、心の余裕をとりもどし、子どもとの適切な距離をとる第一歩をふみだした。これが表３のなかのＡ１～Ａ２のプロセスである。

次に親に必要なのは、この分け持つ仲間を支えとしての親の「覚悟」である。単に、分け持つ仲間に依存するだけでは、子どもとの関係は当然のことながら変化しない。子どもの問題を自分自身の体験として、引き受けるプロセスが、必要である。すなわち、メンバーに自分の体験を受け止めてもらうだけでなく、自分で自分の体験を受け止める体験（それは「覚悟」という言葉に近いように思える）が母親には要請されるのである。親たちはグループに参加することによって、子どもの問題を自分自身で引き受ける親としての「覚悟」を促された。

困った状況であればあるほど教師に助言を求め、助言にしたがって子どもと関わりをもとうとするが、そうするなかで母親たちが自分自身に感じられなかったものは、多分に親らしさではなかっただろうか。教師の助言に従えば従うほど、いわば教師っぽい母親になってしまい、子どもが期待した母親像とは異なったものになってしまったのではなかろうか。

この微妙なすれ違いは母親たちの心のなかに何か割り切れないものとなって沈澱していったに違いない。教師への激しい不満には、この母親たちの割り切れなさも含まれていたのではないだろうか。もちろん、そのことは教師に対する依存と裏腹なのであって、だからこそ母親たちの子どもに対する接し方は、教師っぽい母親という両価的な態度となりやすいのだと思われる。

他人に依存した教師っぽい態度に縁を切り、親としての覚悟を支える働きをグループは果たしたと考えられる。これが表３のなかのＢ１～Ｂ２のプロセスである。

(2) ファシリテーターの働きかけ――共感的態度とリーダーシップの分散

このグループアプローチでのファシリテーターの働きかけ（役割・機能）は何であっただろうか。ファシリテーターの働きかけ（役割・機能）として、①グループ運営の進行役、②登校拒否についての専門家、③グループ内コミュニケーションの促進役、④聴く態度などの観察モデルの提供者、などが考えられる。ここでは③のグループ内コミュニケーションの促進者としてのファシリテーターに焦点をあて、とくに、仲間のひとりとしての共感的態度の提示とメンバーの援助力を活用するためのリーダーシップの分散の二点について論じたい。

ファシリテーターの働きかけは、まずは親に子どもとの関係で「余裕」をもってもらうことであった。そのためには、ファシリテーターは親への圧迫者とならないことが第一の条件であった。親に専門的助言をすることによって、親の依存を高めないことであった。専門家としてのファシリテーターに対する親の依存が強まれば強まるほど、親は子どもへの圧迫者となることが観察された。親は「たよりない」教師に依存することによって子どもの圧迫者となる構造が親子関係のなかにみられたからである。まずは、この悪循環を断つことが、ファシリテーターには要請された。ファシリテーターは、まずは母親の不平や不満に耳を傾けた。母親にとっては専門家からの助言は繰り返し耳にしており、「登校拒否」ということについても知識としてはもっていた。母親にとって必要なのは、母親の味方になってくれるひと、あくまでも自分の体験をともに分かち持ってくれるひとであった。

したがって、第五回目、第六回目のセッションにおける技法講習は、母親たちのファシリテーターに対する、いわゆる「試し」であったであろう。何かできるひと、何かしてくれるひと、すなわち専門家として試されていたに違いない。しかし、それ以上に母親たちの要求のなかにあるのは、ファシリテーターが自分の専門性を押しつけるのではなく、母親たちの体験に耳を傾けてくれるひとであるかどうかという問いであったと思われる。子どもたちに関わろうとして関われない母親の母親としての苦労を、専門家としての技法や助言に換えるのではなく、わかってもらえるかどうかということではなかったか。なぜなら、母親自身の体験のなかにこそ、母親が母親になろうとしてなれない、苦労の軌跡があるはずだからである。

そして、母親が母親になれない理由のひとつとして、教師や専門家に依存してしまわざるをえない状況があり、そのことをこそ母親はわかってほしかったのではないだろうか。

ファシリテーターに要求されたのは、母親が母親になろうとするのを見守り、決して母親に専門家としてのおせっかいをしようとしないことであった。まずは、親の話に耳を傾け、親の辛さやしんどさを分かち持つ仲間のひとりになることであったと思われる。

次にファシリテーターに要求されたのは、親が親になるのを援助することであった。そのためにグループの仲間の援助力を引き出すことであった。グループアプローチのひとつの特徴としてメンバー同士による相互援助があげられる（村山 一九七七、Rogers, 1980；安部 一九八二・一九八四）。

親は子どものことを、自分のこととして引き受けていこうとするが、様々な困難に遭遇する。子どもから離れようとすれば、離れるしんどさを経験せざるをえず、また、接近しようとすればうまく接近できずに焦燥感が強くなる。そのときに、それらのしんどさや焦燥感をグループのなかで訴えて、他の母親から支えとなる言葉をもらい、もう一度自分もやってみようというやる気を奮い立たせる役割をグループ体験は果たした。

この場合にファシリテーターは、できるかぎりメンバーが自分の体験に基づいて、困っている母親に言葉

表4　母親グループの発展過程

	グループ全体のテーマ	本人の体験	メンバーの体験	メンバー相互間の体験	ファシリテーターの働きかけ
第Ⅰ期（1回～15回）	ゆとり（余裕）	受けとめられ	受けとめる（共感）	分け持ちあい	共感的態度の提示（メンバーのひとりとして）
第Ⅱ期（16回～30回）	ふんばり（覚悟）	引き受ける	支える（支持・激励）	支えあい	リーダーシップの分散（メンバー援助力の活用）

をかけるのを見守った。すなわち、ファシリテーターはメンバーの発言に余計な口をはさまないように心がけた。ついつい、専門家としてひとこと言っておかねばと「干渉的」になってしまいがちであり、下手をすると「行っているひとにはわかってもらえない」恨みをファシリテーターは買うことになりかねないからである。

あくまでも、母親にとって大切なのは、同じ悩みに裏打ちされた親からの言葉かけである。グループが十分に母親の辛さを分け持つ場となっているときには、この言葉かけがさかんである。しかも母親たちの発言は自分の体験であるがゆえに具体的であり身近である。

たとえば、Bさんが子どもとテレビのチャンネルのことでケンカしたときに、Dさんは次のように言葉をかけた。「カーッとしたときには、とにかく黙ること。次にナイフなどの危ないものを見えないところに隠す。その後で子どもにわけをきく、子どもが何も言わなかったら、こちらから、しばらくケンカしてなかったね、などと言葉をかけてみる」といった具合である。また、第26セッションのDさんの子どもが登校した際のAさんの言葉かけにしても、実際に苦労をした本人の言葉だからこそ重みをもつのであろう。

ファシリテーターは、自分だけがリーダーシップをとろうとはせずに、メンバーの援助力を引き出そうと試み、メンバーとともに親が親になるのを支える姿勢が大切と思われる。

5 まとめ

本章では、不登校児をもつ親たちに対するグループアプローチの一年間にわたる経過を提示し「親が親になるためのプロセス」におけるファシリテーターの働きかけについて考察した。グループプロセスとしては、表4に示すように、「分け持ちあい（Ⅰ期）」「支えあい（Ⅱ期）」のふたつが特徴として観察され、母親たちはこのグループ体験のなかで、親になるための、親としての「余裕」および「覚悟」を得た。ファシリテーターの働きかけとしては、メンバーのひとりとしての共感的態度およびメンバーの援助力を活用するためのリーダーシップの分散が重要であった。

文献

安部恒久　一九八二　エンカウンター・グループにおけるファシリテーターに関する研究　中村学園大学研究紀要　一五巻　一 - 一五頁

安部恒久　一九八四　青年期仲間集団のファシリテーションに関する一考察　心理臨床学研究　一巻二号　六三 - 七二頁

光岡征夫　一九七三　親のグループ・セラピー　小泉英二編著　登校拒否　学事出版　一三八 - 一五四頁

村山正治編　一九七七　エンカウンター・グループ　福村出版

小野　修　一九八一　登校拒否児の治療――親のグループ・セラピー　第3回心理臨床家の集い発表論文集　八四 - 八五頁

Rogers, C. R. 1980. *A Way of Being*. Houghton Mifflin Company.

〔追記：私の親たちとのグループ体験は、序章の「グループアプローチとの出会い」で述べた脳性マヒ児との療育キャンプが最初だった。療育キャンプの夜に、一〇人ほどで「母親の会」と称される母親同士の集まりがあり、私はその会の担当を多く経験した。その会での母親は、話せる仲間を見つけた喜びにあふれていた。同じ悩みをもったものでないとわからないと、お互いに共感し、支えあい、励ましあった。日常の悩みや困ったことを、涙を流しながら語り、親としての「覚悟」を引き受けていく態度は、ここに紹介した不登校児をもつ親と何ら変わらないものだった。この母親の会で、グループアプローチの魅力を強く感じたことが、不登校児をもつ親へのグループアプローチへとつながっていった。自然な流れだったように思う。〕

第Ⅳ部

グループ体験の促進に向けて

第10章 ファシリテーターのための8原則
グループ体験を促進するための留意点

1 はじめに——私自身のための心覚え（メモ）

第10章では、これまで私がファシリテーターとしてグループ体験を促進するために留意してきた点を、次に示すファシリテーターのための８原則として述べてみたい。

原則１　全員に発言の機会を提供する
原則２　軽い話題から入る
原則３　不安と期待の両方を取りあげる
原則４　プロセスをつくる
原則５　つなぐことを試みる
原則６　少数派に配慮する
原則７　体験を共有する
原則８　終わりは終わりとして終わる

この8原則は、少なくともこんな点に留意しながら、私はファシリテーターを行いたいという心覚え（メモ）である。いちおう「原則」とは銘打っているものの、今のところの留意点であり、これから実践を重ねるにつれて、変わっていく性質のものである。「まえがき」にも述べたように、固定を嫌い、変化を好む私である。

この8原則が、読者の皆さんにとって、ご自身のアプローチを振り返ったり、あるいは私のアプローチと比較して、ご自身のアプローチを特徴づけたりするときの参考になればと思う。

2　ファシリテーターのための8原則

原則1　全員に発言の機会を提供する

私はファシリテーターとして、グループ体験のなかで、メンバー全員が発言の機会をもつことができるように、以下のような点に留意しながら配慮する。

●発言しないで黙っていることも選択できる

グループ体験の場では、発言の機会は与えられるが、発言を強制はされない、というのが私のグループ体験における基本的スタンスである。

全員に発言の機会を提供するといっても、メンバーは必ずしも発言しなければならないわけではなく、発言しないで黙っていることも、グループ体験の場では許される。選択できるといってもいいかもしれない。というのも、研修などで参加している場合には、必ずしもグループ体験が得意ではなく、むしろ苦手なメンバーも参加している場合があるからである。

一言も発言しないメンバーへの配慮

メンバーが、セッションの間に一言も発言しない理由が、沈黙を選択しているというよりも、グループ体験の場に慣れないで緊張している場合には、「どうですか。ほかのひとの発言などを聞いて、何か言ってみたいことはありませんか？」と、私はセッションの途中でタイミングをみて、そのメンバーに話をふってみるようにしている。発言しにくいメンバーのなかには、繰り返し誘われて発言しやすくなるひともいるからである。

沈黙への介入

日本のグループ体験では、メンバーは沈黙しがちであるか、あるいは雑談となりやすい傾向にある。第6章の「ラホイヤプログラム体験」の事例で紹介したように、アメリカでのグループ体験では、メンバーは饒舌であり、沈黙には意味を見出しにくい傾向があった。

沈黙のとき、私はファシリテーターとして、グループのなかでの自己の体験、すなわち、「私は今の沈黙のときに、こんなことを感じていました」と、沈黙のときの自己の体験を開示する。沈黙のときに、心のうちで、私がどんなお喋りをしていたかを開示することによって、グループプロセスを促進しようと試みる。

他のメンバーが発言しているときに話し始めるメンバーへの働きかけ

他のメンバーが発言しているときに、隣のメンバーと話すなど、メンバーの発言に耳を傾けないメンバーが出ることがある。というのも、グループ体験では、他のメンバーの発言に自己の体験が触発されるからである。

私はファシリテーターとして、「どんなことを話されているのでしょうか。グループで共有したいと思いますので、ほかの皆さんにも紹介していただけませんか」と、話しているメンバーにグループ全体で共有するように提案を行う。そうすることによって、「他のひとが話しているときに話さないでください」と「話すこと」を制止するのではなく、むしろ「話すこと」を促進できると感じている。

全員の発言時間を確保できそうにない場合

セッションのなかで時間が押してしまい、全員が発言するだけの時間がない場合には、発言していないメンバーを一人だけ残すのではなく、できるだけ複数のメンバーを残すようにしたほうがよい。また、全員の発言を確保しようとするあまりに、セッションの時間を大幅に延長することは、よほどの緊急性がないかぎり私はしない。後の原則８の「終わりは終わりとして終わる」で述べるように、終わりは終わるべきである。数分の延長はともかくとして、三〇分になるような延長は、すでに別のセッションが始まっていると理解するべきだろう。

途中から参加するメンバーへの配慮

グループ体験は全日程参加が原則である。その旨を参加前の募集のときに参加希望者には知らせておくほうがよい。何らかの理由で，途中からの参加や途中で帰ることはできるだけ避けたほうがよい。最初から最後まで参加してこそ，グループプロセスの醍醐味を経験できるし，メンバー全員でグループ体験を共有することができると考えるからである。

しかしながら，何らかの事情で，途中参加や途中での退出が生じたときの対応は大切である。途中から参加する場合には，自己紹介の機会を提供するなど，グループに入りやすいように配慮する。また，途中で退出する場合には，どのような理由なのかをできれば当該のメンバーからグループに伝えるとよい。メンバーから伝えるのが困難な場合には，ファシリテーターからグループに理由を伝える。

メンバーがグループに「入ったり」「出たり」という行為は，想像する以上にグループプロセスの発展や力動に影響を与えることを，私はファシリテーターとして，これまでに体験してきている。

ファシリテーターもメンバーのひとりである

ファシリテーターもメンバーのひとりであるというのが，グループアプローチを「仲間論」として展開する私のスタンスである。したがって，私のグループ体験では，「全員」とか「みんな」と言う場合には，ファシリテーターもこの「全員」あるいは「みんな」のなかに含まれる。ファシリテーターもメンバーのひとりとしてグループに参加し，自己の気持ちを開示し，グループプロセスに関わっていくことになる。

グループ体験では，ファシリテーターもメンバーと同様に，心理的成長ができるところにグループ体験の魅力がある。ただし，グループ体験の場はメンバーのためであって，ファシリテーターのためではないので，当然のことながら，ファシリテーターがグループ体験の場および時間を占有することは許されない。

原則2　軽い話題から入る

私はファシリテーターとして、グループで話すのが得意なひとばかりでなく苦手なひともいることに配慮して、いわば軽い話題から入ることを心がけている。とくに、導入期あるいはセッションの始めなどは、メンバーもファシリテーターも初期緊張のために発言したくても発言しにくいことが多いため、どちらかといえば、軽めの話題から入るぐらいのスタンスでグループ体験に臨んでいる。

メンバーは話したいことを話せているか

グループ体験のなかでは、メンバーが話したい話題を話して、グループプロセスが発展していくのが理想である。しかしながら、ときには、軽い話題から入ったものの軽い話題のままに流れてしまい、なかなか話したい話題へと展開しないこともある。

メンバーが自分の話したいことをグループのなかで話すということは、グループ体験のなかでは意外と難しい。なぜなら、自分の話したいことを受け止めてもらえるかどうかがわからないからである。一対一であれば、受け止めてもらえるかどうか推測しやすい。しかしながら、グループの場合には曖昧である。多数が相手であり、誰に向かって話してよいかわからないために、メンバーは話を切り出すことをためらってしまいがちである。

したがって、私はファシリテーターとして、メンバーは話したいことを話せているだろうか、メンバーに

表5　様々なエンカウンター・グループの発展段階

	村山・野島（1977）	野島（2000）	安部（2004）
発展段階	Ⅵ′. 深い相互関係と自己直面 Ⅴ′. 親密感の確立	高展開グループ	④仲間に自分を支えられる体験〔自己受容〕 ・仲間に支え、支えられる関係〔サポート〕
	Ⅵ. 深い相互関係と自己直面 Ⅴ. 親密感の確立 Ⅳ. 相互信頼の発展	中展開グループ	③仲間に自分を問いかける体験〔自己リスク〕 ・対立を超えて仲間になる関係〔カウンター〕 ②仲間にふれて自分をみつめる体験〔自己吟味〕 ・仲間の新たな面を発見する関係〔ファミリア〕
	Ⅲ. 否定的感情の表明 Ⅱ. グループの目的・同一性の模索 Ⅰ. 当惑・模索	低展開グループ	①仲間に自分を出す体験〔自己開示〕 ・知らない人と仲間になる関係〔ストレンジャー〕

とってグループの居心地はどうだろうかと自問しながら、グループ体験を進めることになる。

重い話題を受け止めるためには

グループ体験において、メンバーが本当に話したいことを話せているとき、メンバーの手応えは、「話を重く感じる」というよりも、「話が深くなる」感じである。「話が深くなる」ときには、他のメンバーを心理的に近く感じられるだけでなく、物理的にもメンバーはお互いに近づき、グループの輪は小さくなることが観察される。

一方、「話が重い」と感じるときは、グループがその話題を受け止めるだけの発展をしていないときであり、物理的にもメンバーはひいており、メンバー間に距離がある。重い話題を受け止めるためには、重い話題を受け止めるだけのグループとしての発達が必要である。話題の重さは、グループがその重い話題を受け止められるだけの発達をしているかどうかを試すといえるだろう。これまでの研究で、グループは表5に示すようなグループの発達段階を経過して成長していくことが明らかにされている。

重い話題が初期に出る場合

グループ発達の初期に、メンバーが重い話題を提供する場合には、そのメンバー個人の抱える問題が重いことを表している場合が多い。セラピーグループ（therapy group）では軽い話題から入ることが難しく、重い話題となりやすい。軽い話題を話せるようになることは、軽い話題を話せるだけのグループ（自己）の力がついてきたとも理解できるだろう。

一方、本書で紹介しているような心理的成長を目標としたグロースグループ（growth group）の場合には、軽い話題から入ることが比較的に容易であり、軽い話題から入れること自体が、グループメンバーの健康さを表しているともいえる。

雑談も必要？

メンバーのなかには、グループ体験では、まじめな話題しか話してはならないと思い込んでいるメンバーも居たりする。軽い話という意味では身近な雑談などもあるほうが自然であろう。もちろん雑談だけで終わってよいということではない。グループは雑談をきっかけ（バネ）として、よりメンバー（グループ）が話したい話題へと自ら進展していくと私は考えている。

原則3　不安と期待の両方を取り上げる

私はファシリテーターとして、グループ体験のなかで、メンバーが不安と期待の両方を発見することができるようにグループ体験を促進する。

同じグループのなかに違った心理のメンバーがいる

ファシリテーターは、グループ体験の特徴として、違った心理の人が同じグループのなかに共存していることを取り上げることができる。そのことをとおして、メンバーは、同じグループのなかに不安を抱えたメンバーもいれば、期待を抱いているメンバーもおり、違った心理のメンバーが、同じグループのなかに共存していることに気づく。

それぞれの個人のなかにも不安と期待という違った心理が存在する

また、メンバーは、同じグループのなかに、違う立場のひとがいることを発見するとともに、メンバー個人の心のなかにも、不安と期待という違った心理があることを、グループ体験をとおして発見する。すなわち、メンバーは自分は不安だけをもっていると思い込んでいたものの、自分の心のうちを検討してみると、自分のなかには、不安だけでなく、グループ体験に期待する別の心理もあることを発見するのである。

「みんな意識」の発生

グループ体験では、他のメンバーもみんな、私と同じ気持ちで、グループのなかに居るに違いないという思い込みが発生しやすい。これを私は「みんな意識」（安部　一九八四）と呼んだ。また、この「みんな意識」は、何となく、他の「みんな」もそうではなかろうかという思い込みとして、グループ全体（メンバー

（安部，2006 から）

<table>
<tr><td colspan="2">グループによる
メンバー受容プロセス</td></tr>
<tr><td colspan="2">メンバー個人 対 グループ（「みんな意識」）
［メンバー・スケープゴート構造］</td></tr>
<tr><td>メンバー個人の加入</td><td>メンバー個人の共存</td></tr>
<tr><td>仲間として期待する
●頼る</td><td>仲間として支える
●肯定する</td></tr>
<tr><td>仲間に問いかける
（自己リスク）</td><td>仲間に自分を支えられる
（自己受容）</td></tr>
<tr><td>同じ（グループ全体）
●同じ仲間として</td><td>違い（メンバー個人）
●違いをもった仲間として</td></tr>
<tr><td colspan="2">自己への安心感の保護
●安心して語れる</td></tr>
<tr><td>メンバー加入プロセス
●受け止めとつなぎ
●個人とグループの両方への働きかけ</td><td>メンバー共存プロセス
●肯定的側面の強調
●メンバーの援助力の活用</td></tr>
<tr><td>カウンター（対立）を中心とした仲間関係
(counter-peer-relationship)
●対立を超えて仲間になる関係</td><td>サポート（支持）を中心とした仲間関係
(support-peer-relationship)
●仲間に支え，支えられる関係</td></tr>
</table>

表6 ファシリテーションの着目点（共通性と差異性）

	グループによる ファシリテーター受容プロセス	
1. グループの構造	ファシリテーター対グループ（「みんな意識」構造） ［ファシリテーター・スケープゴート構造］	
2. グループの課題	ファシリテーターの加入	ファシリテーターの共存
3. メンバーのファシリテーター体験	仲間として試す ●いっしょに？	仲間として迎える ●問いかける（特徴は？）
4. メンバーの仲間体験	仲間に自分を出す （自己開示）	仲間にふれる （自己吟味）
5. ファシリテーションの着目点 （共通性と差異性）	同じ（グループ全体） ●同じメンバーとして	違い（メンバー個人） ●違いをもったメンバーとして
6. 仲間体験のファシリテーション	自発的活動の尊重 ●自分から動いてみる	グループへの安全感の形成 ●話せる雰囲気を感じる （思い切って言う）
7. 仲間関係のファシリテーション	グループ（仲間）に入るプロセス ●自己開示とつなぎ ●共通項の形成	グループ（仲間）のひとりになるプロセス ●主体性の発揮 ●差異性の尊重
8. 仲間関係の発展	ストレンジャー（未知）を中心とした仲間関係 (stranger-peer-relationship) ●知らない人と仲間になる関係	ファミリア（既知）を中心とした仲間関係 (familiar-peer-relationship) ●仲間の新たな面を発見する関係

間）で共有されやすい。とくに，そのことは不安な体験が予想される場合には顕著となる。したがって，不安だけでなく期待をもっているメンバーも，グループのなかに居ることが明らかになることによって，グループ（メンバー）の心理が一方だけの気持ち（不安一色）に傾くことを防ぐことができる。

フィードバックを活用して，グループのなかの「同じ」と「違い」を明確にする

ファシリテーターは，多様な立場のひとがグループのなかに居ることをフィードバックをとおして明確にする。ファシリテーターは，単なる賛成や反対といったフィードバックではなく，「こんな見方があるのでは」あるいは「こんな感じ方はどうだろうか」といった「同じ」と「違い」が明らかになる多様なフィードバックをメンバーが得ることができるように働きかける。なお，その際のファシリテーターの働きかけは，表6の「5．ファシリテーションの着目点」に示すように，発展段階に応じて変化していくことになる。

原則4　プロセスをつくる

私はファシリテーターとして，メンバーがグループ体験において，グループプロセスを協働してつくるのを，以下の点に留意しながら支援する。この場合，先に述べたように，ファシリテーターである私もメンバーのひとりとしてプロセスづくりに参加する。グループプロセスは，ファシリテーターだけがつくるのではなく，また，メンバーだけでつくるのでもない。ファシリテーターも含めたメンバー全員でつくるところに，パーソンセンタード・アプローチと呼ばれるものの特徴がある。私自身は，ファシリテーターもメン

バーのひとりとして参加するというスタイルが、自分には合っていると感じている。

「仲間体験」と「仲間関係」のプロセスをつくる

私のグループアプローチの特徴として、図10に示すように、「仲間体験」と「仲間関係」をグループ体験では強調する。したがって、ファシリテーターとして、メンバーが「仲間体験」「仲間関係」をグループプロセスのなかで経験できるように、「メンバーの自発性」「グループへの安全感」「自己への安心感」を促進する。メンバーは、仲間体験については、「仲間に自分を出す体験（自己開示）」「仲間にふれる体験（自己吟味）」「仲間に問いかける体験（自己リスク）」「仲間に支えられる体験（自己受容）」といった四つの体験を経験する。また、仲間関係については、「知らないメンバーと仲間になる関係（ストレンジャー）」「仲間の新たな面を発見する関係（ファミリア）」「対立を超えて仲間になる関係（カウンター）」「仲間に支えられる関係（サポート）」の四つの関係を経験する。メンバーはこれらを通して、自己を探求し、自己を発展させることになる。

ファシリテーターはポジティブ（肯定的）なプロセスの代表者である

私はファシリテーターとして、グループがネガティブ（否定的）なプロセスにとらわれているときには、ポジティブ（肯定的）な側面をグループプロセスのなかで取り上げるように留意している。

とくに、本書の「私のファシリテーションの視点」の事例にみるように、青年期のグループ体験などでは、メンバーはネガティブな側面にとらわれやすい。したがって、私はファシリテーターとして、ポジティブな側面の代表者として、グループ全体（あるいはメンバー個人）のポジティブな側面に目を向けるように

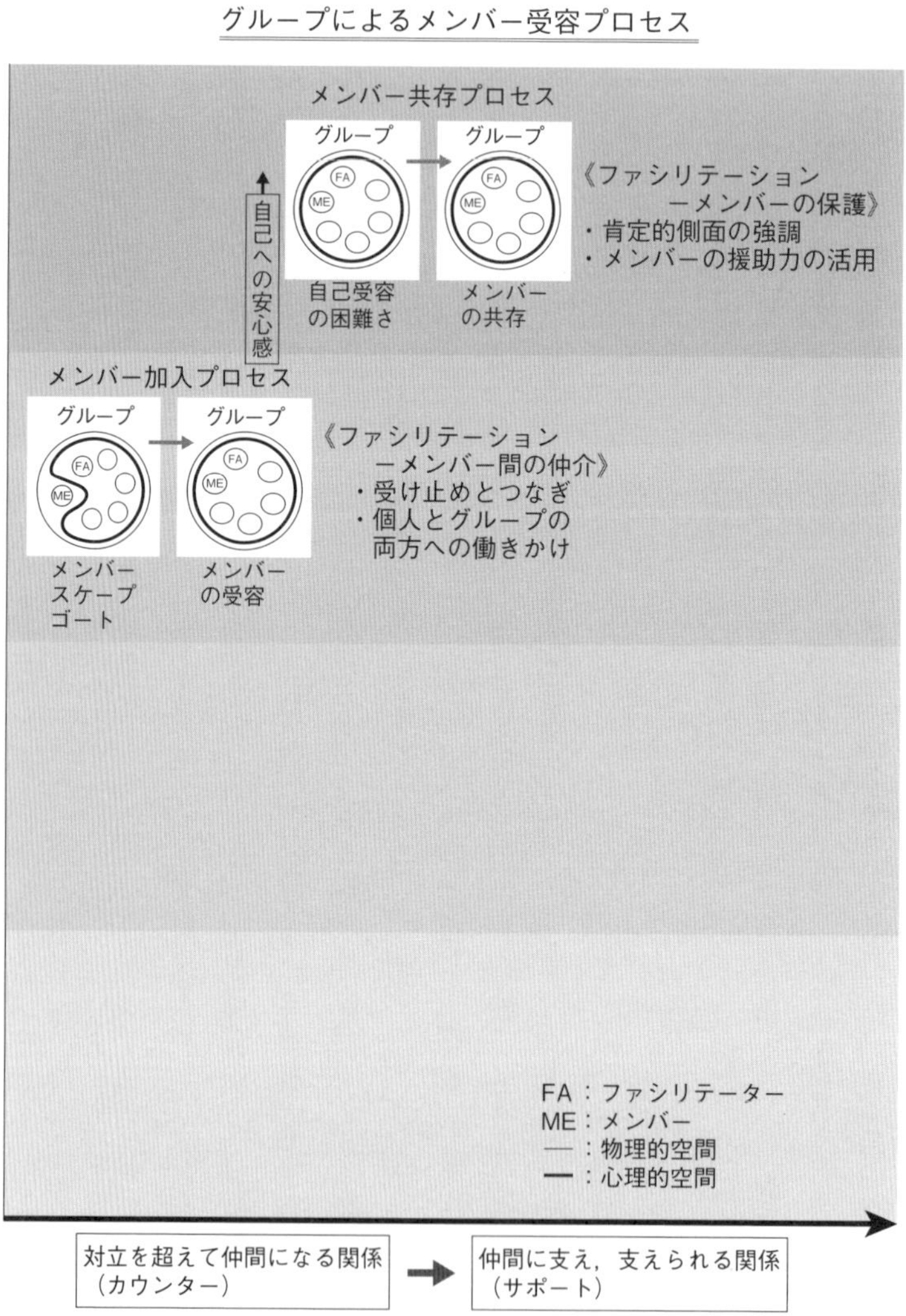
グループによるメンバー受容プロセス
メンバー共存プロセス
グループ
グループ
FA
ME
自己への安心感
自己受容
の困難さ
メンバー
の共存
《ファシリテーション
—メンバーの保護》
・肯定的側面の強調
・メンバーの援助力の活用
メンバー加入プロセス
グループ
グループ
メンバー
スケープ
ゴート
メンバー
の受容
《ファシリテーション
—メンバー間の仲介》
・受け止めとつなぎ
・個人とグループの
両方への働きかけ
FA：ファシリテーター
ME：メンバー
—：物理的空間
—：心理的空間
対立を超えて仲間になる関係
（カウンター）
仲間に支え，支えられる関係
（サポート）

仲間体験の発展

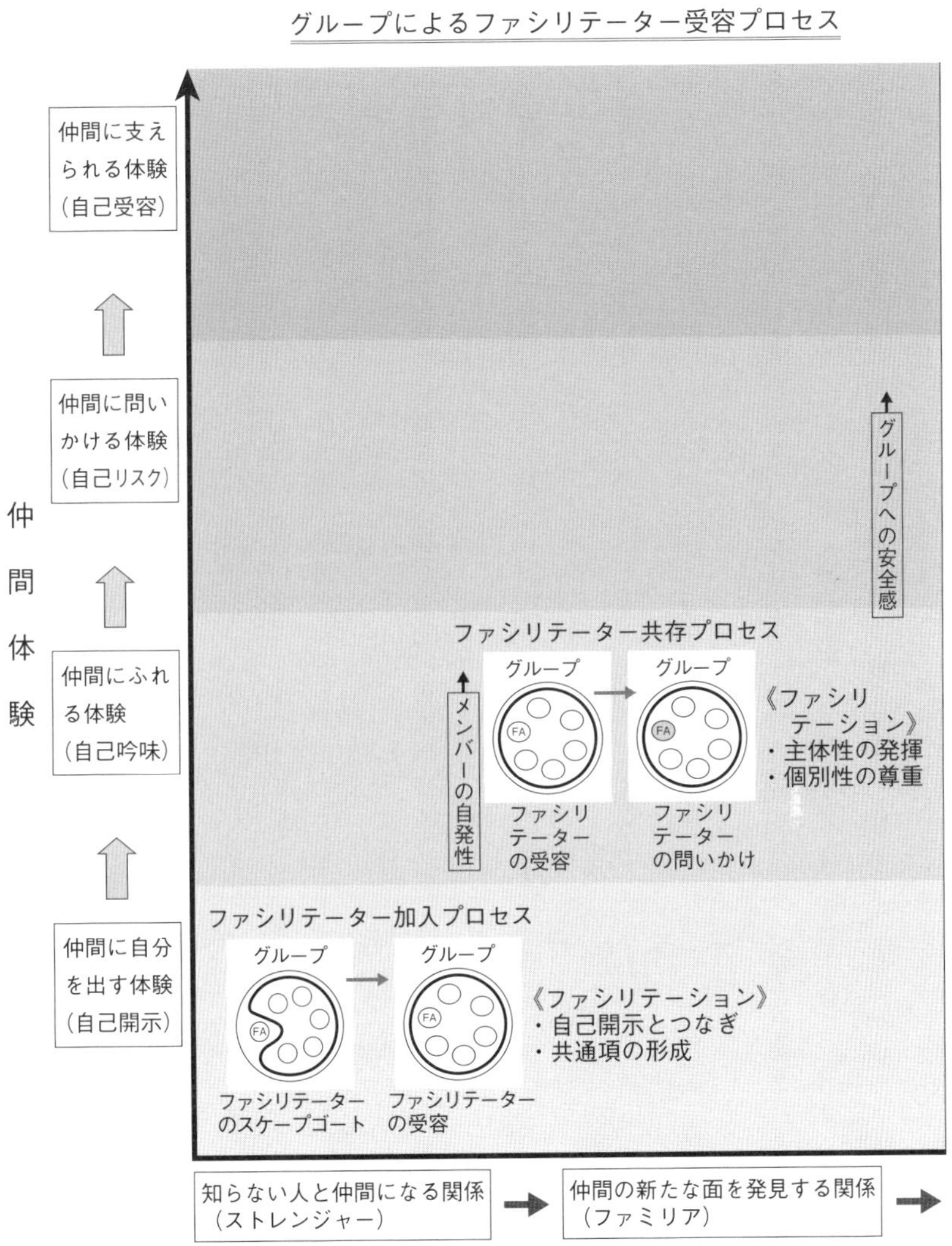

グループによるファシリテーター受容プロセス
仲間体験
仲間に支えられる体験（自己受容）
仲間に問いかける体験（自己リスク）
仲間にふれる体験（自己吟味）
仲間に自分を出す体験（自己開示）
グループへの安全感
ファシリテーター共存プロセス
メンバーの自発性
グループ
FA
ファシリテーターの受容
ファシリテーターの問いかけ
《ファシリテーション》
・主体性の発揮
・個別性の尊重
ファシリテーター加入プロセス
ファシリテーターのスケープゴート
ファシリテーターの受容
《ファシリテーション》
・自己開示とつなぎ
・共通項の形成
知らない人と仲間になる関係（ストレンジャー）
仲間の新たな面を発見する関係（ファミリア）

図10　仲間関係および

グループに、あるいはメンバーに働きかける。原則３の「不安と期待の両方を取り上げる」で述べたように、グループプロセスのなかに、メンバーが自分とは違った見方や感じ方があることに着目する機会を提供しようと試みる。

このことは、ファシリテーターの役割は、グループのなかに異質なものが共存できるように働きかけることであるということもできよう。この異質なものの共存ということについては、ファシリテーションの実際で紹介した「ラホイヤプログラム体験」の事例から、私は多くのことを学んだ。ラホイヤプログラム体験そのものが、異文化のなかでの違いを肯定的体験として受け止めるグループ体験であったためであろう。

グループは凝集性を高めるプロセスで、異質なものを排除しようとしやすい

グループは同質なもののほうがまとまりやすく、異質なものを受け入れるためには、それなりの時間とエネルギーが必要である。したがって、場合によっては、異質なものを排除することによって凝集性を高めようとする。その代表がスケープゴート現象であろう。

スケープゴート現象については、後の「原則６：少数派に配慮する」において、再度、取り上げる。

プログラムされたものでプロセスをつくる

エクササイズ等のプログラムされたものを利用する場合には、私は「プログラムされたものでプロセスをつくる」という視点をもつようにしている。あくまでも、プロセスを促進するためのひとつの手段としてエクササイズ等のプログラムされたものを活用するというスタンスである。私のグループ体験では、エクササイズ等を体験することは手段であって目標ではない。グループあるいはメンバーは、それらのエクササイズ

等を、どのようなグループ（自己）のプロセス（変化過程）として体験するのかに、私は着目する。なお、プログラムを活用したグループプロセスの進め方については、「エクササイズの活用とプロセス促進」（本書第8章）を参照していただきたい。

原則5　つなぐことを試みる

私はファシリテーターとして、グループ体験でのメンバーの発言が、他のメンバーに受け止められるように、以下の点に留意しながら「つなぐ」ことを試みる。

●つなぐときには、まず「共通性（同じ）」を取り上げる

メンバーの発言をつなぐときは、原則4の「プロセスをつくる」でもふれたように、「共通性」と「差異性」に着目し、最初にメンバー間の共通性を取り上げるようにしている。メンバー間の共通性を取り上げることによって、グループのなかに共通項が形成され、グループの仲間関係（凝集性）を強めることができる。

ファシリテーターが差異性を取り上げるのは、グループの共通性が形成された後のほうが無難である。差異性を取り上げることは、グループのなかに分裂の芽を生み出すリスクを負うことにもなるからである。

●ファシリテーターの「ひとり二役の自己開示」

私はファシリテーターとして、自己開示（self-disclosure）をとおしてグループプロセスを促進し、メン

バー間を「つなぐ」ことを試みる。この場合、ファシリテーターの自己開示は、単に、自分を暴露するのが目的ではなく、あくまでも、メンバーとのつながり（出会い）のための手段である。したがって、ファシリテーターには、ファシリテーターとしての「自己開示」の在り方が求められる。たとえば、ファシリテーターはグループに入っていくときに、自己開示することによって、それをグループに自分でつなぐという「ひとり二役」の自己開示が課されることになる。

ファシリテーターの自己開示は、グループプロセスの発展に伴って、それぞれの段階（局面）で異なった形となって現れる。このことをファシリテーターが意識し理解しておかないと、ファシリテーターは自己開示をすればするほど、グループプロセスに巻き込まれてしまい身動きができなくなってしまうことにもなる。

なお、ファシリテーターの自己開示については、第3章「ファシリテーターの特徴」の〈ファシリテーターに強調される行動〉を、また、「ひとり二役の自己開示」は、『エンカウンターグループ』（安部二〇〇六）の第2章を参照されたい。

「つなぐ」ことは受け止めることから始まる

グループ体験では、メンバーが相互に、それぞれの発言を、より深く受け止めようとするプロセスをとおして出会いが生まれるといってよい。したがって、受け止めるプロセスが深くなればなるほど、当然のことながら、出会いのプロセスも深くなる。したがって、ファシリテーターの働きかけとしては、まずはメンバーが他のメンバーの発言を受け止めることができるように工夫するところから始まる。

伝わりにくいメンバーの場合

ファシリテーターにもメンバーとの相性があり、ファシリテーターがすべてのメンバーにつなぐことは難しい。私はファシリテーターとして、そのメンバーと親しいメンバーを介して（「間」にして）「つなぐ」ことを試みることがあり、そのほうが伝わりやすい印象をもっている。

「つなぐ」ことは相互援助体験を生み出す

グループ体験は「援助」だけを目標としたグループアプローチではないが、「援助」ということでいえば、ファシリテーターだけが援助者となるのではなく、メンバーも援助者となることが可能である。すなわち、援助され援助する相互援助体験にグループ体験の特徴があるといえる。したがって、ファシリテーターはメンバー同士の相互援助を引き出すかたちで、メンバー同士を「つなぐ」ことも可能である。

本書の第7章「私のファシリテーションの視点――つなぎに着目した既知集団のグループ事例」において、その実際を紹介している。

セッションとセッションをつなぐ

ファシリテーターがつなぐのは、メンバーの発言だけではなく、メンバーのグループ体験の全体をつなぐといってもいいかもしれない。たとえば、私がつなぐもののひとつに、セッションとセッションが挙げられる。

「さきほどのセッション」と「今のセッション」と「これからのセッション」でのメンバー体験が、連続して流れるほうが自然であると私は考えるからである。

私はメンバーに、「さきほどのセッションで話題にされていたことは納得されましたか。いかがでしょうか」などと声をかけてみることがある。

「いま、ここで」という原則にこだわるあまりに、過去のセッションのことは取り上げてはならないと頑なに考えるよりは、プロセスの流れのほうを私は重視するようにしている。

●メンバーの発言を切るファシリテーター

なお、ファシリテーターは、つなぐだけでなく、メンバーの発言を切ることもある。

たとえば、私はファシリテーターとして、その場にいないメンバーに関する発言などは、「そのことは、○○さんには、この場にいないので伝わらないのではないでしょうか」などと発言し、メンバーの発言を「切る」ことがある。

原則6　少数派に配慮する

グループ体験では、多数派を形成しようとするチェーン現象が頻繁に生じるため、私はファシリテーターとして、安易に多数派に加わらないように用心する。というのも、私たちは日常生活のなかで、多数派に同調しやすい傾向をもっており、そのことがファシリテーター体験にも反映しやすいからである。

みんなで支える

グループ体験とは、メンバーみんなによる「支えあい」であると表現することもできるであろう。メンバーはひとりで居るよりは、他のみんなといっしょに居ると元気も出てくるし、何か良い知恵が出てくるかもしれないといった哲学が、グループ体験の根本にあるように思う。ところが、このことは逆に、場合によっては、みんな（グループ全体）でひとりのメンバーを攻撃することにもなりかねない。ときには、攻撃するだけでなく、気に入らないメンバーを排斥しようとする行為ともなったり、みんなで無視しようとするなどのスケープゴート現象などの集団力動を生みだしたりする。

スケープゴート現象の発生

スケープゴート現象とは、ひとりのメンバーをその他の多数のメンバーが攻撃することによって、そのメンバーをグループのなかに蓄積された不平や不満の捌け口とし、そのメンバーをグループプロセスの発展のための犠牲（スケープゴート）にすることである。

犠牲（スケープゴート）になりやすいメンバーの特徴は、発言しすぎるメンバーあるいは発言のないメンバーなど、何らかの目立つメンバーであることが多い。グループ体験では、「目立つ」ことがグループのなかでの「自己」の在り方と深く関わっているからである。メンバーは目立つことで、あるいは目立たないことで、グループのなかでは自己を主張しているともいえる。その意味で、メンバーが自己を主張すること自体が、グループにスケープゴート構造をつくりだすともいえる（安部 二〇〇二）。

また、グループ体験のなかでは、〈ファシリテーターのスケープゴート現象〉（第4章「ファシリテーターの問題点」）で述べたように、メンバーだけでなくファシリテーターもグループ全体から無視されるなど、スケープゴートになることも起こりうる。

味方となる

したがって、ファシリテーターは、スケープゴートに対応するために、グループ体験のなかでは少数派の味方にならざるをえない場面が出現する。しかしながら、個人を相手にしているカウンセラーやセラピストは、グループのなかでメンバーの味方になることに慣れていない。

というのも、通常のカウンセリングやセラピーでは中立性が強調されるため、味方になるよりも中立な態度を維持しようとすることになりかねないからである。

このことは、傾聴ということで相手の話を聴くあまりに、極端な受身的態度に陥ってしまうことにも通じる。積極的傾聴の「積極（アクティブ）」の部分が抜け落ちて、クライエントの話をただ聴いてしまいかねないのと似ている。

「冒険すること」

ロジャーズ（Rogers, 1970）はグループ体験から「冒険すること（taking the risk）」を学んだと言っているが、まさにそのとおりであろうと思う。

グループの場合には、困っているひとの側（そば）に行くというアクションが求められるからである。ただ、この場合、単なるアクションではない。あくまでも行動をとおして、自分の気持ちに素直になるというアクションである。

ロジャーズは、そのことを"Taking the risk being one's inner self"と言い、また、"the individual takes

図11　多数派に与しないための働きかけ（安部，2006を一部改変）

the risk of being more of his real self to others”と表現している。

個別カウンセリングの場合には、クライエントはカウンセラーの側（そば）すなわち目の前にいるが、グループの場合には、必ずしも、困っているメンバーがファシリテーターの側（そば）にいるとは限らない。グループの場面では、最も遠いところに困っているメンバーが座って居ることだってあるのである。その遠いメンバーの側（そば）に座り、味方になるためには、そのメンバーの近くに移動する行動（アクション）が求められる。すなわち、自分の気持ちに素直になる冒険が求められるのである。

ファシリテーターが多数派に与しないためには？

ファシリテーターは、グループの内（なか）に居たとしても、いったん外に出るだけの自在さをもち、逆に、グループの外に居たとしても、内（うち）に入るだけの柔軟さをもつことが大切である。ファシリテーターがグループの外にいると、外にいるメンバーの気持ちがわかりやすいし、逆もまた同じであるからである。

ファシリテーターは、図11のなかの《ファシリテーション》にみるように、少数派と多数派の中間に立ち、どちらかといえば少数派に重きを置きながらも、少数派と多数派の両方へ働きかけを行うことが大切である。

原則7　体験を共有する

私はファシリテーターとして、メンバーがグループでの体験を、他のメンバーと共有しようとするのを、以下のような点に留意しながら促進する。

個別的体験を共有することは容易ではない

グループでの体験が、個別のメンバーにとって深いものであればあるほど、そのことをメンバー間で共有することは容易ではない。

すなわち、グループで体験したことは、すぐにメンバー個人の自己のなかに整理されるとは限らない。メンバー個人の自己のなかに納得したかたちで、体系化されて意味を見出し、他のメンバーに伝えられるようになるには時間を要する。したがって、グループ体験の場でメンバー間に共有できる体験は、どちらかといえば、メンバーが共通に体験したことが中心となる。

メンバーは、個人的な個別な事柄については、メンバー間で共有することは難しく、すべての体験をメンバー間で共有することはできないことをも、グループ体験で分かり合うことになる。

ファシリテーターにとっても同様であり、私はファシリテーターとして、メンバーにとって個別的な事柄については、余計な口出しをしないで、メンバーが自己の体験に向き合うのを見守ることにしている。

体験の共有は必ずしも「言葉」によるとは限らない

体験の共有は、話し言葉だけでなく書き言葉でもよいし、絵やイメージを通してでも「共有」することは可能である。言葉だけで体験を共有するよりは、言葉以外の方法を併用するほうがメンバーにとっては有効な場合もある。

というのも、メンバーのなかには、必ずしも言葉での認知や意味づけ、あるいは表現が得意ではないメンバーもいるし、絵やイメージでの自己表現が得意なメンバーもいるからである。

体験を「ヨコ（横）」に拡げる

グループ体験では、自己の体験を他のメンバーと分けもち、メンバー間（グループ）で共有しようと試みる。この場合、共有するとは、どちらかといえば、体験（変化）を自己のなかへ「タテ（縦）」に深めるというよりは、他者の間に「ヨコ（横）」へ拡げようとする行為であるということができる。

体験は認知し意味づけることによって自己の変化となる

グループ体験は、単に体験するだけでなく、自分にとってどんな意味があるのかを探求し、自分にとっての独自の認知を構成したときに、自己の変化となって現れるといってよい。グループ体験をすれば自己が変わるといった安易なものではなく、グループ体験を通して自己と向き合うプロセスがあってこそ、自己の変化は生じるものである。そのためにこそ、メンバーは他のメンバーからフィードバックをもらうのであり、そうでなければ、他のメンバーからのフィードバックは、もらったメンバーにとっては意味をなさないであろう。

自己の変化が生じるための「心理的接触」の形成

ところで、グループ体験における自己の変化はどのように生み出されるのだろうか。このことを考えるにあたって、ロジャーズ（Rogers, 1957）が指摘した有名な「セラピーによる人格変化の六条件」のうちの、第一条件である「心理的接触（psychological contact）」は、もっと注目されてよいのではないかと私は考えている。

というのも、この「心理的接触」をより推し進め発展させたものが、人と人との出会いを強調したロジャーズのエンカウンターグループであるとも理解できるからである。六条件のうちの、無条件の積極的関心（unconditional positive regard）、共感的理解（empathic understanding）、一致（congruence）の三条件がひとり歩きをしてしまったが、まずは人と人との「心理的接触」が無ければ、これらの三条件は効力を発揮しないのである。

したがって、ファシリテーターは、この「心理的接触」が生じるためには、どのような場づくりをするとよいのかに多くの工夫を試みるといってよいだろう。

「心理的接触」の始まりは自発的行動となって現れる

メンバーのグループ体験における「心理的接触」の始まりは、様々なかたちのメンバーの自発的行動となって現れるというのが私の仮説である。私は、グループ体験におけるメンバーの変化が、メンバーの自発的行動から始まるのに繰り返し遭遇してきた。たとえば、グループ体験が開始されるときなどに「自己紹介しよう」などと提案するメンバーの行動となったり、初期緊張を和らげるためにゲームを提案したりなどの自発的行動となったりする。

私はファシリテーターとして，これらのメンバーの行動を，たとえどんな些細なことであっても，「心理的接触」の始まりとして歓迎するようにしている。

小さな変化の共有

私たちはグループ体験に大きな変化を期待しやすいが，変化は意外と小さいものである。劇的な変化を共有しようとするのではなく，小さな変化を大切にして共有しようとするのが，私のグループ体験におけるファシリテーターとしての基本的スタンスである。

原則8　終わりは終わりとして終わる

グループ体験の「終わり」の場面では，私はファシリテーターとして，メンバーが自己の体験をまとめるのを手伝い，別れがあまりにつらいものとならないように，以下のような配慮を試みる。とくに，グループ体験を集中的（合宿）形式で実施する場合には，本書の「ラホイヤプログラム体験」の事例にみるように，別れの体験は強烈であり，出会いが深ければ深いほど，当然のことながら別れはつらいものとなる。

終わりに新しいことを始めない

―「セッションの終わり」やグループ体験の「最終セッション」では，新しいテーマを展開しない。

―「終わり」は，それまでのプロセスからどんなことを学んだかをまとめ，ひと区切りとする。どうしても終わらない場合には、「そのことについては、次のセッションで話しましょうか」と次のセッションへとつなぐ。

―また、「最終セッション」はグループ体験として終わり（切り）、グループ体験のまとめを行い、日常へとつなぐ。新しいテーマを取り扱うことは、時間が不足し満足な結果とならないことが多い。したがって、ファシリテーターはその旨をグループ（メンバー）に伝えるのがよいだろう。

―「終わり」のための儀式（セレモニー）を工夫する。たとえば、「言葉の花束」など、名残を惜しむためのゲームを行い、メッセージをグループのなかで交換する。

終わることによる不安を惹起しやすい

「セッションの終わり」や「最終セッション」は、終わりのセッションであるために、終わることによる不安をメンバーに惹起させやすい。とくに、終わりから連想される「別れ」や「死別」などに心理的問題を抱えているメンバーを刺激しやすい。すなわち、見捨てられ不安やうつ傾向が強いひとに、心理的に終われない状況を生じやすい。

したがって、終わりになって「重たい」問題が出ることにもなりやすい。もう話す機会がないので話しておきたいと焦ってしまったり、あるいは、話しておかないといけないと強迫的に思い無理して話そうとする行為となって現れたりする。

グループ体験は継続している

私はグループ体験が終わった後の集会などで、以下のことを伝えるようにしている。

―グループ体験は終わっても、心のなかでは体験過程として、すぐには終わらないで意味づけたり、整理したりするプロセスが続いていること。
―自分が思った以上に、グループ体験では心身ともにエネルギーを使っているので、ひと息いれて休むこと。
―いきなりハードな日常にもどろうとしないで、徐々に復帰すること。

ファシリテーターには、終わりは終わりとして、「切る」ことが求められる

グループ体験を終わるにあたって、ファシリテーターにはそれまでのグループ体験のなかで「つないできた」あるいは「深めてきた」メンバー（グループ）との「出会い」（関係）を「切る」働きかけが求められる。

このことは、グループのメンバーにとってもファシリテーターにとっても、つらいことであり、できれば、ずっといっしょに居たいし、別れを引き延ばせないものかという複雑な思いに、メンバーもファシリテーターもとらわれるのが通常である。

見送るのはどちら？

グループ体験の設定によっては、グループ体験の全日程の終了後に、メンバーがファシリテーターが帰るのを見送るのか、あるいは、それともファシリテーターがメンバーが帰るのを見送るのか、という場面に遭遇することがある。

この場合、メンバーがファシリテーターを見送る場合には、珍人・客人（まれびと）としてのファシリ

テーターを連想させるし、またファシリテーターがメンバーを見送る場合には、自立していくわが子を見送る父母の立場を私は連想する。読者の皆さんはいかがだろうか。

3　おわりに――自分なりのひと工夫が大切である

これまでファシリテーターの8原則として述べてきたことは、あくまでも私なりのグループ体験からのひと工夫である。皆さんは皆さんで、ぜひご自分のグループ体験からひと工夫していただきたい。どのようなアプローチや技法でも、読んだことをそのままに実行して、すぐに効果を見出すことは少ない。うまくいかなかったときに立ち止まり、どのようにすればよいかを工夫してこそ、自分のものとなるというのは、専門的技能を習得するときの古来共通の態度であるだろう。

文献

安部恒久　一九八四　青年期仲間集団のファシリテーションに関する一考察　心理臨床学研究　一巻二号　六三－七二頁
安部恒久　二〇〇二　既知集団を対象としたエンカウンター・グループのファシリテーション　心理臨床学研究　二〇巻四号　三一三－三二三号

安部恒久　二〇〇六　エンカウンターグループ――仲間関係のファシリテーション　九州大学出版会
Rogers, C. R. 1957. The necessary and sufficient conditions of therapeutic personality change. *Journal of Consulting Psychology*, 21, 95-103.

Rogers, C. R. 1970. *Carl Rogers on Encounter Groups*. Harper & Row. 畠瀬稔・畠瀬直子訳　一九八二　エンカウンター・グループ　創元社

あとがき

グループアプローチは、一対一の個人アプローチとは異なり、何よりもそのグループプロセスが複雑です。ファシリテーターとして、錯綜したメンバー同士のやりとりを受け止め、グループプロセスに働きかけるには、やはり経験が必要です。

したがって、そのためには、何よりも学ぶ場に恵まれないことにはどうしようもありません。しかしながら、身近なところに、教えを請う先輩や同僚がいるといいのですが、うまく見つけることができなくて孤軍奮闘している人々はけっこういるようです。だからこそ、入門書と呼ばれるものも必要なのでしょう。

ただし、著書に接する場合は、名人が書いた名人芸のものよりも、とにかく自分に合ったものを選択するほうがよいようです。自分との相性を大切にして、自分の直感を信じるにこしたことはありません。自分にとって身近さが感じられる、そんな著書を手がかりとしながら、自分の体験を消化し、自分の血肉としていくほうが、無理がないようです。

私のこの著書が、そうした一書となり、読者の皆さんのグループアプローチへの関心を高めるのに役に立つことを願っています。

ところで、本書は、私がこれまでに発表してきた論文等を一書に編んだものですが、あらためて実に多くの人々から、学ぶ機会を与えていただいたことを痛感しました。丁度、本稿を進める過程で、私は還暦を迎えることになりましたが、これまでご支援いただいた以下の皆様方に、深く感謝申しあげます。

大学院生の頃から現在まで多くのご援助をいただき、エンカウンターグループのご指導をいただいた村山正治・尚子先生ご夫妻、村山先生ご夫妻には福岡人間関係研究会の個性豊かな皆さんとの縁もつくっていただきました。

脳性マヒの子どもたちとの療育キャンプで、「プロセスをつくる」とはどういうことかを直に教えていただいた成瀬悟策先生、療育キャンプでの先輩、同輩、後輩の皆さんとの苦楽は、私にとって宝物といってもいいと思います。このときの大野博之先生、針塚進先生、丸山千秋先生、深野佳和先生、井村修先生には、現在も、鹿児島大学専門職大学院を陰に陽に応援していただいています。

学部生の頃に、グループダイナミックス（集団力学）の手ほどきをしていただいた三隅二不二先生、Tグループ体験等を通して集団力学講座の藤田正・綾子先生ご夫妻には大変お世話になりました。また、九州大学教育学部心理系事務室の豊田孝子さん、只松香栄子さんには、学部生、大学院生の頃を通して、たくさんのご助力をいただきました。

福岡市児童相談所で子どもたちとふれあう機会をいただいた五斗美代子先生、当時の九大生の多くが五斗先生のお世話になりました。また、児童相談所では、石橋勝彦先輩に児童臨床のいろはを教えていただきました。

牧心療クリニック（福岡市）で、今で言うところの臨床心理実習のお世話になった入江建次先生、医療領域での集団心理療法の可能性を論じる私の話に、熱心に耳を傾けてくださいました。

九州大学健康科学センターで、一〇年間、カウンセラーをさせていただいた峰松修先生、リトリートの学生諸君との合宿は強く印象に残っています。

福岡心理臨床研究会を主宰されていた藤原勝紀先生と仲間の一ノ瀬節子、井上哲雄、岡秀樹、吉良安之、武末妙子、田中宏尚、藤原正博、武藤郁代の皆さん、この研究会では池田数好先生、前田重治先生の謦咳に接する幸運に恵まれました。また、この研究会の仲間で鹿児島出身である遠矢尋樹先輩の独特の人間味は忘れることができません。

私が大学院生の頃、九州大学教育学部の助手をされていた増井武士先生、現在の総合臨床心理センターが、「心理教育相談室」と呼ばれていた頃に、のびやかで、とても居心地の良い相談活動に従事することを許していただきました。

福岡市教育センターで、グループアプローチの場をいただいた高山和雄先生、三宅桂先生、西田拓先生との、背振山の山奥の小学校をお借りしての夏合宿キャンプがとても思い出深いです。学校教育相談に取り組まれている今村裕先生や永瀬枯録先生などとの交流から多くのことを学ばせていただきました。

福岡大学在職中にお世話になった林幹男、田村隆一、皿田洋子の各先生、いまや福岡大学も松永邦裕、吉岡久美子、徳永豊といった先生方が加わり、ますます発展していることを大学院設立一〇周年の祝賀会に参加させていただき実感しました。

エンカウンターグループ・セミナーの代表である九州大学の野島一彦先生、野島先生には数多くのエンカウンターグループ体験の場を与えていただきました。深く感謝申しあげます。このセミナーでは高松里、坂中正義、本山智敬といった気心の分かった先生方とスタッフを務めさせていただいています。

当時、広島でグループアプローチ研究会を主宰されていた小谷英文先生、アメリカで集団精神療法を学ばれて帰国され、集団精神療法家の立場から多くの知的刺激をいただきました。

ラホイヤプログラムの仲間である浪原勉・周子さんご夫妻と寺澤晴美さん、三〇年を越えて今も交流が続いていることを嬉しく思います。

以上の方々は、私がお世話になった、ほんの一握りの人々です。残念ながら、ここに、おひとりおひとりのお名前を記載することができません。どうぞお許しください。したがって、当然のことながら、本書は私ひとりの体験からではなく、学ぶ機会を与えていただいた多くの方々との共同作業から生まれたものと言ってよいと思います。本当に、ありがとうございました。

稿を終えるにあたり、私が所属する鹿児島大学大学院臨床心理学研究科の仲間に感謝したいと思います。鹿児島大学大学院臨床心理学研究科は、臨床心理士養成のための日本で唯一の専門職大学院（Professional Graduate School）として、四苦八苦しながら、発展を続けています。初代研究科長の山中寛教授をはじめとして、教職員の皆さんのユニークな専門職大学院を創ろうとの心意気が、本書を著す大きな励みとなりました。また、鹿児島大学専門職大学院の学生諸君とのグループアプローチに関する討論は、いつも刺激に満ちたものでした。私が、あえて出版という労の多い作業に取り組むことができたのも、学生諸君からの「問いかけ」があったからだと感謝する次第です。

出版の縁をつくっていただいた誠信書房の児島雅弘氏には、大変、感謝申しあげます。九州大学の大学院生のときに『グループアプローチの展開』（佐治守夫・村上英治・福井康之編、誠信書房、一九八一）で最初にお世話になりましたが、今回、再び編集のお力添えをいただけることになりました。また、鹿児島大学の雑敷孝博、二宮宗三、新純子、高桑清弘、伊藤摩利子、桐谷純、冨宿小百合の皆さんに執筆のための元気をいただきました。ありがとうございました。

最後に、家族に感謝したいと思います。還暦という人生の節目にあたって、家族の応援を支えとしながら、自著を出版できることを嬉しく思います。ありがとう。あらためて、家族というのはグループそのものだということを実感することができました。

二〇一〇（平成二二）年五月三〇日

鹿児島大学にて桜島を望みながら

安部恒久

初出一覧（なお、本書収録に際し、大幅に加筆・訂正がされた）

序章　グループアプローチとの出会い
安部恒久　一九七九　私のグループ体験（Ⅱ）　九州大学教育学部心理教育相談室紀要　五巻　八〇－八七頁

第Ⅰ部　グループアプローチと最近の動向

第1章　グループアプローチ――エンカウンターグループに焦点を当てて
安部恒久　一九九九　ベーシック・エンカウンター・グループ　現代のエスプリ　三八五号（野島一彦編　グループ・アプローチ）　至文堂　四一－五〇頁

第2章　最近の動向
安部恒久　二〇〇九　グループアプローチの多様性と可能性――トレイニンググループ、グロースグループの立場から　集団精神療法　二五巻二号　二三〇－二三四頁

第Ⅱ部　ファシリテーターの特徴と難しさ

第3章　ファシリテーターの特徴――リーダーシップの分散・自己表明・グループプロセスの形成
安部恒久　一九八二　エンカウンター・グループにおけるファシリテーターに関する研究　中村学園研究紀要　一五巻　一－一五頁

第4章　ファシリテーターの問題点
安部恒久　二〇〇三　グループリーダーをめぐる諸問題――エンカウンター・グループのファシリテーターの立場から　集団精神療法　一九巻一号　二九－三三頁

第5章　ファシリテーターとしての成長
（書き下ろし）

第Ⅲ部　ファシリテーションの実際

第6章　私が私になるためのプロセス――ラホイヤプログラム体験のグループ事例
安部恒久　二〇〇八　パーソンセンタード・エンカウンターグループ――ラホイヤ・プログラム（La Jolla Program）のケース　伊藤義美編　ヒューマニスティック・サイコセラピー　ケースブック1　ナカニシヤ出版　一二一－一三五頁

第7章　私のファシリテーションの視点――「つなぎ」に着目した既知集団のグループ事例
安部恒久　二〇〇二　「つなぎ」に着目した既知集団のファシリテーション　福岡大学臨床心理学研究　一巻　三－八頁

第8章　エクササイズの活用とプロセスの促進――体験学習としてのグループアプローチ
安部恒久　二〇〇〇　プロセス促進を中心としたグループ・アプローチ技法の開発　福岡大学人文論叢　三二巻三号　一五四三－一五五九頁

第9章　弧立した母親への支援――不登校児を持つ母親へのグループアプローチ
安部恒久　一九八四　登校拒否児をもつ母親へのグループ・アプローチ　人間性心理学研究　二号　一一〇－一二〇頁

第Ⅳ部　グループ体験の促進に向けて

第10章　ファシリテーターのための8原則
安部恒久　二〇一〇　ファシリテーターのための8原則　福岡大学臨床心理学研究　八巻　三－一一頁

人名索引

ア　行

カ　行

サ　行

タ　行

ナ　行

ハ　行

マ　行

ヤ　行

ラ　行

事項索引

ア 行

カ　行

サ 行

タ　行

ナ　行

ハ　行

マ　行

ヤ　行

ラ　行

ワ　行

〈著者略歴〉

安部恒久（あべ　つねひさ）

1949 年　福岡県に生まれる
1973 年　九州大学教育学部卒業
1978 年　Rogers 博士らが主催するラホイヤプログラム（米国・加州）に参加
1979 年　九州大学大学院教育学研究科博士課程単位取得退学
1993 年～ 1994 年　米国ハワイ大学教育学部カウンセラー教育学科客員研究員
2004 年　博士（人間環境学）学位取得・九州大学
2000 年　福岡大学人文学部教授・大学院人文社会科学研究科修士課程指導教授
2002 年　福岡大学人文学部教授・大学院人文社会科学研究科博士後期課程指導教授
2006 年　鹿児島大学大学院人文社会科学研究科（臨床心理学専攻）教授
2007 年　鹿児島大学大学院臨床心理学研究科（専門職大学院）教授
2009 年～現在　鹿児島大学大学院臨床心理学研究科教授・研究科長（臨床心理士）

主な著書
『グループ・アプローチの展開』（共著）　誠信書房　1981 年
『スクール・カウンセラー　その理論と展望』（共著）ミネルヴァ書房　1995 年
『グループ・アプローチ』（共著）　現代のエスプリ　至文堂　1999 年
『臨床心理士によるスクール・カウンセラー　実際と展望』（共著）現代のエスプリ別冊　至文堂　2000 年
『ロジャーズ学派の現在』（共著）　現代のエスプリ別冊　至文堂　2003 年
『エンカウンターグループ――仲間関係のファシリテーション』（単著）九州大学出版会　2006 年

グループアプローチ入門《にゅうもん》
——心理臨床家《しんりりんしょうか》のためのグループ促進法《そくしんほう》

2010年8月20日　第1刷発行
2012年1月25日　第2刷発行

著　者　安部恒久
発行者　柴田敏樹
印刷者　西澤道祐

発行所　株式会社　誠信書房
〒112-0012　東京都文京区大塚3-20-6
電話　03 (3946) 5666
http://www.seishinshobo.co.jp/
あづま堂印刷　イマキ製本所

ISBN978-4-414-40061-8 C3011

ロジャーズ選集（上・下）

カウンセラーなら一度は読んでおきたい厳選 33 論文

H. カーシェンバウム・V.L. ヘンダーソン編　伊東 博・村山正治監訳

ロジャーズの 60 年余りの長いキャリアから多様で深みのある業績を一望するに最適の書。個人的成長, 教育, 科学, 哲学といった専門的な論文から私生活におけるエッセイまで未邦訳のものも含め 33 著作を紹介する。

[上巻目次]

[下巻目次]

ISBN978-4-414-30291-2 ／ 30292-9
定価（本体各 3800 円＋税）